SYSTEMS ENGINEERING & PROJECT MANAGEMENT

# 시스템엔지니어링과 프로젝트관리

## SE-PM 통합 프로세스 구축과 실무 가이드

최영길 지음

GS인터비전

# 추천사

**이재천 / 공학박사**

전) 아주대학교 시스템공학과 학과장, 정교수
현) 아주대학교 명예교수

**복잡성의 시대, 지속 가능한 성공을 위한 기술과 관리의 하모니**
(“무엇을 만들 것인가”와 “어떻게 완수할 것인가”사이의 길을 찾아서)

오늘날의 프로젝트는 단순히 '열심히' 하는 것만으로는 성공을 담보할 수 없는 복잡계(Complexity)에 놓여 있습니다. 저자는 프롤로그에서 2014년 세월호의 비극과 2020년 팬데믹 대응이라는 극명한 대조를 통해, 프로젝트의 성패가 개별 기술의 우월함이 아닌 시스템적 통합에 달려 있음을 날카롭게 지적합니다.

과거의 무기체계가 개별 플랫폼의 성능 (Faster, Stronger)에 집중했다면, 향후 전장에서는 육·해·공·우주·사이버 전력이 실시간으로 정보를 공유하고 협력하는 연합작전 능력 즉 상호운용성 (Interoperability)이 승패를 결정합니다. 이제 각종 무기체계, 전투기, 전차, 함정 조차도 단일 장비가 아닌 체계의 체계 (SoS, System of Systems)이자 초연결 네트워크의 핵심 노드로서 존재합니다. 이에 따라 개발 프로세스에서 수만 개의 요구사항, 다학제적 기술 융합, 그리고 엄격한 군 요구성능 (ROC)과 한정된 국방 예산과 개발기간을 만족시켜야 하는 환경에 놓이게 됩니다.

시스템공학(Systems Engineering)은 고객의 요구사항을 분석하여 이를 만족하는 최적의 시스템을 설계, 제작, 통합, 검증하는 기술적 프로세스입니다. 핵심 질문으로 "시스템이 올바르게 설계되었는가?”그리고 "요구 성능을 충족하는가?”에 응답하여야 합니다. 한편, 프로젝트관리 (Project Management)의 개념은 목표를 달성하기 위해 지식, 기술, 도구 및 기법을 프로젝트 활동에 적용하는 프로세스입니다. 이 세 가지 목표로서 범위(Scope) “무엇을 만들 것인가?”, 일정(Time)“언제까지 완료할 것인가?”, 그리고 비용(Cost) “얼마를 쓸 것인가?”로 표현할 수 있습니다. 현장의 엔지니어는 SE 기반으로 완벽한 무기체계를 꿈꾸고, 사업 관리자는 PM을 기반으로 정해진 시간과 예산이라는 현실과 싸웁니다. 이 책의 목표는 이 두 세계 사이의 간극을 메워주는 실천적인 연결고리의 제시에 있습니다.

저자가 지난 20여 년간 국방 연구개발 현장의 최전선에서 SE와 PM을 배우고, 실전에서 실행하며, 컨설팅한 경험의 총체를 본서에 담았습니다. 무기체계 개발의 방대함 앞에서 결코 포기할 수 없는 SE-PM 통합 프로세스의 당위성을 역설합니다. 특히 제3부와 제4부에서 다루는 조직 표준 프로세스 구축과 내재화 방안은, 국방 품질경영시스템과 연계하여 실질적인 제품 품질과 조직의 생산성을 동시에 향상시킬 수 있는 구체적인 로드맵을 제공합니다. 이는 단순한 이론을 넘어, 현장에서 즉각 투입 가능한 무기체계 개발의 전술 교범(Field Manual)과도 같습니다.

본서에서 강조된 SE-PM 통합 프로세스는 향후 Physical AI와 디지털 트윈 (Digital Twin) 기술을 만나 비약적인 진화를 거듭할 것입니다. 가상 세계에 구현된 무기체계의 쌍둥이는 설계의 결함을 사전에 찾아내는 것에 그치지 않고, PM의 일정과 예산 시뮬레이션까지 연동되는 지능형 관리 플랫폼으로 거듭날 것입니다. 실물과 동기화된 디지털 모델은 기술적 변경 사항이 사업 전체에 미치는 영향을 실시간으로 분석하여, AI가 최적의 대안을 제시하는 예측 기반의 SE-PM 통합 시대를 열 것입니다. 본서는 이러한 미래 국방 기술로 나아가기 위해 반드시 거쳐야 할 핵심적인 기반 프로세스와 내재화 방안을 충실히 담고 있습니다.

본 책을 다음과 같은 분들께 강력히 추천합니다.

- 국방 획득 및 R&D 리더: 기술적 난제와 사업 제약을 통합 관리하여 성공적으로 무기체계를 전력화하고자 하는 경영진

- 시스템 엔지니어 및 PM: 기술과 관리의 경계를 허물고, 향후 AI 기반 디지털 공학으로의 전환을 준비하는 실무 전문가

- 방산업체 혁신 담당자: 글로벌 표준에 부합하는 SE-PM 역량을 확보하여 조직의 경쟁력을 강화하려는 실무자

네트워크 중심전의 파고 속에서 길을 찾는 국방 전문가들에게,

저자의 내공이 담긴 이 책이 대한민국 무기체계 개발의 패러다임을 바꿀 소중한 나침반이 되기를 바랍니다.

# 프롤로그

*복잡한 문제, 시스템적 접근이 답이다.*

현장에서 프로젝트를 수행하다 보면, 가장 흔히 마주치는 문제가 **복잡성**(Complexity)이다. 한 프로젝트 안에도 다양한 이해관계자와 기술, 일정, 예산의 제약이 얽혀 있다. 각 팀이 제 역할을 다하더라도, 전체 시스템이 유기적으로 통합되지 않으면 프로젝트는 쉽게 실패한다.

2014년 세월호 사고는 그 극단적 사례를 보여준다. 개별 기관과 시스템이 존재했지만, 정보 공유와 의사결정의 통합이 이루어지지 않아 결국 전체 안전망은 무너졌다. 반면, 2020년 코로나19 펜데믹은 보건 당국, 의료기관, IT 시스템, 지자체가 실시간으로 데이터를 공유하고 협력하면서 복잡한 문제를 관리할 수 있었다.

이 두 사례는 모두 시스템엔지니어링(SE)과 프로젝트관리(PM)의 본질을 그대로 말해준다. 프로젝트의 실패는 기술적 결함보다 조직 간 단절, 즉**"시스템의 부재"**에서 비롯된다. 복잡한 문제는 더 이상 한 부서, 한 전문가, 한 기술의 힘으로 해결되지 않는다. 구성 요소 간의 상호작용을 이해하고, 다양한 이해관계자의 니즈를 통합하며, 공통의 목표를 일관되게 실행할 수 있는**"시스템적 사고(Systems Thinking)"**에 기반한 체계적 접근이 필수적이다.

**시스템엔지니어링**(SE)은 이러한 복잡성을 구조화하고, 요구사항에서 설계, 검증·확인 및 운영에 이르는 전체 수명주기를 관리하는 방법을 제공한다. **프로젝트관리(PM)**는 SE에서 정의된 체계를 범위, 일정, 원가의 제약사항 속에서 프로젝트가 성공적으로 수행하도록 돕는 실천적 도구와 기법이다.
SE가 "무엇을, 어떻게 만들어야 하는가"를 정의한다면, PM은 "정해진 목표를 어떻게 현실 속에서 완수할 것인가"를 책임진다. 이 두 영역이 결합 될 때 비로소 조직은 복잡한 문제를 다루는 진정한 역량을 갖게 된다.

이 책은 필자가 20여 년 동안의 시스템엔지니어링과 프로젝트관리에 대해 배우고 연구하며, 그리고 현장에서 실행하고 컨설팅한 경험을 정리한 결과물이다. 그러나 탈고를 앞둔 지금도 여전히 많은 부족함이 느껴지고, 과연 이 책이 누군가에게 도움이 될 수 있을까 하는 두려움이 앞선다.
시스템엔지니어링과 프로젝트관리 각각의 영역만으로도 내용이 방대한데, 두 분야를 한 권의 책으로 묶어 정리한다는 것은 분명 한계가 있다.

그럼에도 불구하고 시스템 개발 프로젝트에서 떼려야 뗄 수 없는 필수불가결한 두 영역을 동시에 바라볼 필요가 있다. 그러다 보니 이 책은 완전한 해답이나 이론을 지향하기보다는, 프로젝트 수행에서 꼭 필요한 핵심적 실무 중심의 프랙티스와 가이드를 담았다.

제1부. 시스템엔지니어링(SE)의 개요와 SE 역량, 그리고 관련 표준
제2부. 프로젝트관리(PM)의 개요와 실무 가이드
제3부. SE와 PM의 통합을 통한 조직 표준 프로세스 구축 실무 가이드
제4부. SE-PM 프로세스의 내재화와 품질인증

이 책은 연구개발 조직의 경영진, 시스템 엔지니어, 프로젝트 관리자, 품질 관리자, 그리고 프로세스 개선·혁신 담당자들을 위한 실무 안내서다. 프로젝트 수행 과정에서 SE와 PM 활동을 유기적으로 통합하여 문제를 구조화하고, 리스크를 관리하며, 팀을 효과적으로 조율하는 방법을 제시한다. 나아가 제품의 품질과 조직 생산성을 동시에 향상하기 위한 SE-PM 프로세스의 구축과 내재화 방안을 구체적으로 다룬다.

이 책을 통해 독자들이 프로젝트를 '관리의 대상'이 아닌 **"시스템적 사고의 결과물"**로 바라보고, 개인과 조직이 보다 성숙한 프로젝트 수행 역량을 구축하는데 길잡이가 되기를 바란다.

나와 동행한 뜨거웠던 2025 회갑년의 여름은 가고
만추(晩秋)의 찬 바람이 창가를 스칠 즈음에
이 책을 마무리한다.
최 영 길

# 차례


Chapter 1 시스템엔지니어링 ······ 1

1.1 시스템엔지니어링 개요 ······ 2

1.1.1 시스템의 정의 ······ 2

1.1.2 시스템엔지니어링의 정의 ······ 4

1.1.3 시스템 엔지니어와 설계 전문가의 업무 영역 ······ 6

1.1.4 시스템 개발 수명주기 모델(System Development Life-Cycle Model) ······ 8

1.1.5 모델 기반의 시스템엔지니어링(MBSE) ······ 12

1.1.6 비용 목표 설계(Design To Cost, DTC) ······ 14

1.2 시스템엔지니어링의 역량(SE Competence) ······ 16

1.2.1 핵심 역량(Core Competence) ······ 17

1.2.2 전문 역량(Professional Competence) ······ 17

1.2.3 관리 역량(Management Competence) ······ 18

1.2.4 기술 역량(Technical Competence) ······ 18

1.2.5 통합 역량(Integrating Competence) ······ 19

1.3 시스템엔지니어링 표준(SE Standard) ······ 20

1.3.1 MIL-STD-499B ······ 21

1.3.2 EIA/ANSI-632 ······ 23

1.3.3 IEEE 1220 ······ 24

1.3.4 ISO/IEC/IEEE 15288 ······ 26

1.3.5 CMMI(Capability Maturity Model Integration) ······ 29

Chapter 2 프로젝트관리 ······ 31

2.1 프로젝트관리 개요 ······ 32

2.1.1 프로젝트, 프로그램 및 프로젝트관리의 정의 ······ 32

2.1.2 프로젝트 조직 구조 ······ 36

2.1.3 프로젝트관리 영역과 프로세스 ······ 38

2.2 프로젝트관리 실무 가이드 ······ 42
2.2.1 통합 관리(Integration Management) ······ 42
2.2.2 범위 관리(Scope Management) ······ 43
2.2.3 일정 관리(Schedule Management) ······ 46
2.2.4 원가 관리(Cost Management) ······ 51
2.2.5 품질 관리(Quality Management) ······ 53
2.2.6 리스크 관리(Risk Management) ······ 55
2.2.7 자원 관리(Resource Management) ······ 58
2.2.8 조달 관리(Procurement Management) ······ 61
2.2.9 이해관계자 의사소통 관리(Stakeholder Communication Management) · 63

Chapter 3 SE-PM 통합과 조직 표준 프로세스 구축 ······ 67
3.1 SE-PM의 통합 ······ 68
3.1.1 시스템엔지니어링과 프로젝트관리의 관계 ······ 68
3.1.2 시스템 엔지니어와 프로젝트 관리자 간의 갈등 ······ 70
3.1.3 SE-PM 통합 전략과 관점 ······ 72
3.1.4 SE-PM 통합의 기대효과 ······ 73
3.2 SE-PM 조직 표준 프로세스 구축 가이드 ······ 75
3.2.1 프로세스 테일러링 프로세스(Process Tailoring Process) ······ 76
3.2.2 프로젝트 계획 수립 프로세스(Project Planning Process) ······ 77
3.2.3 프로젝트 모니터링 및 통제 프로세스
(Project Monitoring & Control Process) ······ 78
3.2.4 리스크 및 이슈관리 프로세스(Risk & Issue Management Process) ······ 79
3.2.5 데이터 측정 및 분석 프로세스
(Data Measurement & Analysis Process) ······ 80
3.2.6 의사결정 분석 및 해결 프로세스
(Decision Analysis & Resolution Process) ······ 81
3.2.7 형상관리 프로세스(Configuration Management Process) ······ 83
3.2.8 협력업체 계약이행 관리 프로세스(Suppliers Agreement Process) ······ 86
3.2.9 품질보증 프로세스(Quality Assurance Process) ······ 88
3.2.10 동료검토 프로세스(Peer Review Process) ······ 90

3.2.11 요구사항 관리 프로세스(Requirement Management Process) ··············· 91
3.2.12 이해관계자 요구사항 정의 프로세스
(Stakeholder Requirement Define Process) ············· 94
3.2.13 시스템 요구분석 프로세스(System Requirement Analysis Process) ···· 96
3.2.14 시스템 예비설계 프로세스(System Preliminary Design Process) ······· 100
3.2.15 시스템 상세설계 프로세스(System Detailed Design Process) ············· 101
3.2.16 제작(구현) 및 검증 프로세스(Implementing & verification Process) · 102
3.2.17 시스템 통합 및 시험(System Integration & Test) ······························· 105
3.2.18 공식 기술검토회의(Technical Review) ························································ 106

Chapter 4 SE-PM 프로세스 내재화와 품질인증 ·························· 109
4.1 SE-PM 프로세스 내재화 ·························································· 110
4.1.1 프로세스 내재화의 정의 ··························································· 110
4.1.2 조직 현장의 프로세스 내재화의 실태 ········································· 111
4.1.3 SE-PM 프로세스 개선 및 내재화 전략 ······································ 113
4.1.4 조직의 P-P-T 성숙도 자체 평가 모델 ······································· 114
4.2 SE-PM 프로세스 품질인증 ···················································· 118
4.2.1 CMMI(Capability Maturity Model Integration) ··································· 119
4.2.2 SP(Software Process) 품질인증 ··························································· 126
4.2.3 안전 중시(Safety-Critical) 시스템 인증 - DO-178C, ISO26262 ·········· 131
부록(Appendix). 작업산출물 템플릿 ··············································· 139
References ··········································································· 155

# Chapter 1

## 시스템엔지니어링
## (Systems Engineering)

# 1.1 시스템엔지니어링 개요

## 1.1.1 시스템의 정의

**시스템(System, 체계)**이란, ISO/IEC 15288 시스템엔지니어링 국제 표준에서 **"명시된 하나 이상의 목적을 달성하기 위해 상호작용 하는 여러 요소(Elements)의 집합체"**라고 정의하고 있다. 여기서 상호작용하는 여러 요소로는 최종제품(End Product)과 수명주기 지원제품(Enabling Product), 프로세스(Process), 사람(People)을 말한다.

자동차 시스템의 예를 들면, 최종제품(End Product)은 자동차이고, 지원 제품(Enabling Product)으로는 최종제품을 시스템의 수명주기 동안 운영하기 위한 개발 장비, 생산시설, 시험 장비, 정비 장비/시설, 폐차 장비/시설, 주유 시설, 운전면허 교육장 등이다. 프로세스(Process) 요소에는 개발 및 생산 절차, 교통법규, 신호체계, 정비 절차 등이며, 사람(People)의 요소에는 운전자, 운전면허 시험 감독관, 정비사, 교통경찰관 등이 해당된다.

현대의 시스템은 항공우주, 국방, 모빌리티 등 여러 산업 분야에서 점점 첨단화되고 다양한 요소가 상호작용하는 대규모 **복합시스템**(Complex System)으로 개발되고 있다. 복합시스템은 전통적인 단일 시스템과는 매우 다른 다음과 같은 특징을 가진다.

■ 복잡성(Complexity)

시스템 내·외부의 여러 구성 요소 간 복잡한 인터페이스를 가지며, 비선형적인 거동(Behavior) 즉, 시스템의 입력과 출력 또는 원인과 결과 간의 관계가 비례하지 않거나 단순하지 않은 현상을 나타낸다.

■ 시스템의 시스템(System of Systems, SoS)

독립적으로 존재하여 목적을 수행하는 개별 시스템들이 모여서 하나의 상위 목적과 목표를 달성하기 위해 상호 연계하고 협력한다.

■ 창발성(Emergence)

"전체는 부분의 단순한 합 이상의 것이다"라는 의미로써, 각 구성 요소는 개별적으로는 단순하지만, 구성 요소 간 상호작용을 통해 새로운 거동과 능력을 발휘하며, 시스템 수준에서 예측하기 어려운 특성이 발생한다.

■ 상호 연계성(Interdependency)

시스템 구성 요소가 강하게 상호 의존하며, 한 부분의 변화가 다른 부분에 연쇄적인 반응을 일으킨다.

■ 예측 불가성(Unpredictability)

시스템의 모든 상호작용을 완벽하게 모델링하기 어려우며, 불확실성으로 인해 시스템의 거동과 성능 예측이 어려워 확률적 접근과 시뮬레이션이 필요하다.

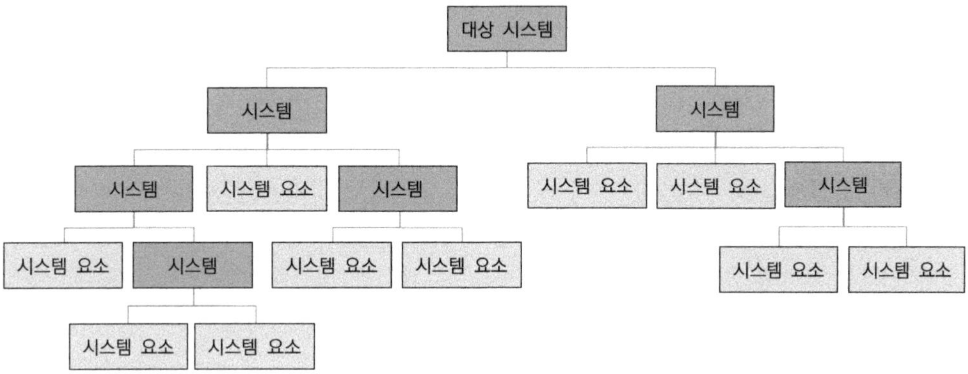


그림 1.1 시스템 구성 요소

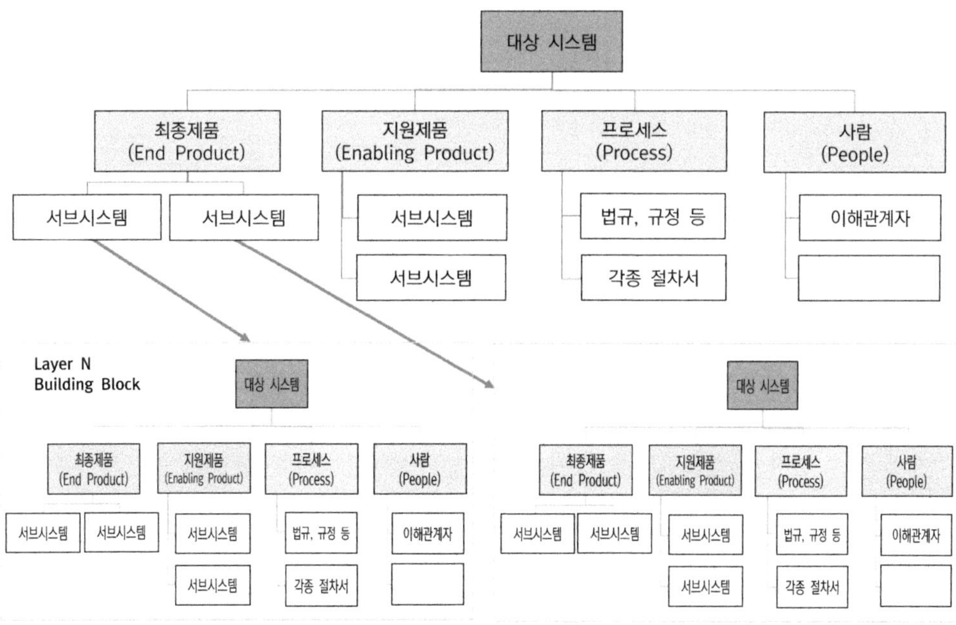


그림 1.2 시스템 빌딩 블록

일부 시스템들은 단일 프로젝트에 의해 실현되기도 하지만, 대부분의 시스템은 다른 시스템이 있는 환경에 포함되는 “시스템의 시스템(System of Systems, SoS)”으로 존재한다. System of Systems(SoS)는 단순히 여러 시스템이 모인 것이 아니라, 독립적으로 운영되는 여러 시스템이 상호 연계되어 새로운 기능과 가치를 창출하는 복합시스템을 의미한다.

개별 시스템은 독립적으로 목적을 수행할 수 있지만, SoS로 통합되면 전체적으로 새로운 성과를 창출한다. SoS의 사례로 공항을 예로 들자면, 관제사와 조종사의 통신을 지원하는 항공 교통 관제탑, 수하물 처리시스템, 주차장과 자동차 렌트 등의 지상 교통 시스템 등은 개별적인 시스템이라고 할 수 있지만 통합되고 상호 운용 가능해야 한다.

시스템의 복잡성을 다루고 시스템의 구성 요소 간의 상호 관계를 정의하기 위해 시스템을 계층적으로 구조화한다. 이는 시스템 구성 요소 간 상호작용에 미치는 영향을 식별하고 시스템의 고유 목적을 달성하기 위한 상호 시너지 관계를 정립하는데 도움을 준다. 시스템의 계층 구조화는 다양한 단계 또는 수준으로 분해하며 보통은 상위 수준에서 하위 수준으로 내려가면서 각 계층이 서로 다른 역할을 수행하고 상호작용함을 표현한다. 시스템 구성 요소를 어느 수준까지 상세하게 분해할 것인가는 대상 시스템의 복잡도와 시스템 개념 연구, 개발, 생산, 운영 및 유지보수, 폐기 등 시스템 총 수명주기에서의 관련 이해관계자를 고려하여 조정한다. 경우에 따라서는 시스템의 계층 구조화를 통해 시스템 구성 요소를 개발, 조달, 재사용 결정을 할 수도 있다.

### 1.1.2 시스템엔지니어링의 정의

대형화, 복합화되는 현대시스템 개발 프로젝트를 성공적으로 수행하기 위해서는 그동안의 전통적인 개발 방식에서 벗어나 글로벌 표준에 따른 시스템엔지니어링 활동이 요구된다. 한국 방위사업청에서는 효율적인 무기체계(Weapon System) 연구개발을 위해 대상 무기체계에 대한 모든 이해관계자와 총 수명주기(Total Life-cycle)를 고려하여 시스템엔지니어링(체계공학) 절차를 적용하도록 방위사업관리 규정에서 정의하고 있으며, 시스템엔지니어링의 구체적인 활동을 “연구개발 사업의 체계공학(SE) 기반 기술관리 업무 실무지침서”에서 제시하고 있다.

국제 시스템엔지니어링 협회(INCOSE)의 시스템엔지니어링 핸드북에서는 시스템엔지니어링을 **“시스템의 실현이 성공하도록 하는 다 학제간 종합적인 접근 및 방법”**이라고 정의하고 있으며, 미국 국방성(DoD)에서는 **“고객 요구사항 충족을 위해 수명주기 관점에서 시스**

**템, 인력, 프로세스 간의 균형적인 솔루션을 개발하고 검증하기 위해 다 학제 간에 걸쳐 종합적으로 접근하는 엔지니어링"**이라고 정의한다. 또 다르게 표현하면 문제를 구성하는 요소들의 상호작용과 구조를 이해하여, 전체 시스템 차원에서 최적의 해결책을 찾는 사고방식 즉, 시스템적 사고(Systems Thinking)에 의한 접근법이라고 말할 수 있다.

**다 학제**(Multi-disciplinary)란, 하나의 문제 해결이나 시스템을 개발하기 위해 서로 다른 학문 분야(기계, 전기·전자, 컴퓨터, 재료공학 등)가 함께 협력하는 것을 의미한다. 복합시스템은 매우 복잡하고 시스템 요소 간 상호 연계성이 매우 크기 때문에 단일 기술 분야의 기술만으로는 문제를 해결할 수 없으며, 한 분야가 독립적으로 수행하지 않고 시스템의 전체적 관점에서 통합적으로 서로 협업한다.

시스템엔지니어링은 다양한 분야의 전문가들이 협력하여 설계, 개발, 통합 및 검증을 수행하는 다 학제적 접근법으로, 국방, 항공, 철도, 자동차 등의 다양한 산업 분야에서의 복합시스템을 성공적으로 개발하고 운영하는 데 중요한 역할을 한다. 시스템엔지니어링은 이해관계자 요구를 충족하는 고 품질의 제품을 제공하기 위해 모든 이해관계자의 비즈니스 및 기술적 요구를 고려한다. 개발 초기에 이해관계자의 요구를 분석, 정의하여 설계조합(Synthesis), 시스템 통합 및 검증과 확인 활동에 초점을 맞춘다.

시스템엔지니어링은 다음 4가지에 **시스템적 사고**(Systems Thinking)에 초점을 두고 있다. 시스템적 사고는 개별적인 부분에 대한 것이 아닌 전체를 바라보는 것으로, 부분들이 어떻게 상호작용하고 더 큰 시스템 내에서 상호 의존적인지를 이해하는 것이다.

① **전체론적 접근**(Holistic Viewpoint): 시스템을 개별 부품의 집합이 아닌, 상호작용하는 전체 관점에 바라본다.

② **시스템 총 수명주기 중심**(Total Life-cycle Focused): 시스템의 설계부터 폐기까지 모든 수명주기 단계를 고려하고 각 수명주기 단계에서의 요구사항과 목표를 명확히 정의하고 관리한다.

③ **통합과 상호운용성**(Integration and Interoperability): 다양한 구성 요소들이 원활하게 통합되어 상호작용할 수 있도록 하고 시스템 간의 상호 운용성을 확보한다.

④ **지속적 개선**(Continuous Improvement): 시스템의 성능을 지속적으로 모니터링하고, 최적의 솔루션 개발을 통해 시스템의 효과성과 효율성을 개선한다.

필자는 시스템엔지니어링을 한마디로 "P-I-C-M"으로 말한다.

첫째, 체계적인 시스템 개발을 위해서는 먼저 조직의 **표준 프로세스**(Process)가 정립되어야 한다. 시스템 개발 및 운영·유지보수와 시스템 개발 지원과 관리 업무에 대한 역할과 책임, 수행 활동, 작업산출물이 명확히 정의되고 이해관계자와 합의, 공유되어야 한다.

둘째, **통합**(Integration)이다. 이해관계자의 니즈(Needs)를 통합하고 균형을 유지하여야 하며, 소프트웨어, 하드웨어, 기구 등의 각 기능그룹에서 설계 개발된 하위 시스템과 구성품을 통합하고 검증, 확인하는 것이다.

세 번째는 **의사소통**(Communication)이다. 프로젝트 관리자, 시스템 엔지니어, 기능 엔지니어 및 고객/사용자 간의 지속적인 의사소통을 통해 최적의 솔루션을 개발하고 예상되는 리스크를 사전에 완화, 제거하여 성공적 시스템 개발을 보장한다.

마지막으로 **관리**(Management)이다. 주요 관리 요소로는 기술자료 관리, 기술 성능 지표 관리, 요구사항 및 기술변경 관리, 리스크 및 이슈 관리, 일정 진척 관리 등이다. 일반적으로 관리 프로세스는 프로젝트관리 국제 표준인 PMBOK (Project Management Body Of Knowledge)에서 중점적으로 다루고 있으나, 시스템엔지니어링 국제 표준인 ISO/IEC 15288 에서도 기술관리(Technical Management) 프로세스를 다루고 있다.

## 1.1.3 시스템 엔지니어와 설계 전문가의 업무 영역

시스템 엔지니어(System Engineer)와 설계 전문가(Design Specialist)는 서로 다른 영역에서 활동하지만 상호 긴밀한 관계성을 가지고 있다. 시스템 엔지니어는 시스템 수명주기 전반에 걸쳐 관여하며, 다양한 엔지니어링 분야를 통합하고 시스템이 이해관계자 요구사항을 충족하는지 확인한다. 시스템 엔지니어의 업무는 기술적인 부분과 관리적인 부분을 모두 포함한다. 설계 전문가는 시스템 내의 특정 구성 요소나 서브 시스템(Sub-system)에 대한 세부적인 설계, 개발에 중점을 둔다. 설계 전문가들은 기계, 전기·전자, 소프트웨어 설계 등 특정 분야의 전문 지식을 적용한다.

### ■ 시스템 엔지니어 업무 영역

- 요구사항 분석 및 관리
  - 이해관계자들과 협력하여 시스템의 요구사항을 정의, 분석 및 관리
  - 시스템이 비즈니스 및 이해관계자 요구사항을 충족하는지 확인

- 시스템 아키텍처 및 설계
  - 시스템의 전반적인 기능, 성능을 표현하는 상위 수준의 아키텍처 개발
  - 하드웨어, 소프트웨어 및 기타 서브 시스템(Sub-system)을 통합하는 데 중점
- 시스템 통합 및 인터페이스 관리
  - 다양한 서브 시스템들이 효율적으로 함께 작동하는지 확인
  - 서로 다른 구성 요소와 서브 시스템 간의 상호작용 관리
- 검증과 확인
  - 시스템이 모든 요구사항을 충족하는지 검증(Verification)
  - 다양한 운영 조건에서 시스템이 제대로 작동하는지 확인(Validation)
- 시스템 수명주기 관리
  - 개념 연구부터 설계, 구현, 테스트, 운영·유지보수 및 폐기까지 시스템 개발 활동 모니터링
  - 시스템의 유지보수, 업그레이드 및 폐기를 포함한 수명주기 계획 중점
- 리스크 및 신뢰성 관리
  - 시스템 내 잠재적인 리스크와 취약점 식별
  - 시스템의 신뢰성, 유지보수성 및 강건성(Robustness) 확인
- 여러 학문 분야 협력 및 프로젝트관리
  - 다른 전문가(기계, 전기, 소프트웨어 엔지니어 등)들과 협력하여 구성 요소가 시스템 전체 목표를 충족하는지 확인
  - 프로젝트 범위, 일정 및 형상 관리와 이해관계자 상호작용에 중점

■ 설계 전문가 업무 영역

- 구성품 상세설계
  - 특정 구성 요소에 대한 개념과 모델 개발
  - 구성품 설계가 기능적 요구사항 및 시스템 아키텍처와 일치하는지 확인
  - 개념 설계를 구체적인 소프트웨어 및 하드웨어 사양으로 변환
- 프로토타이핑 및 시뮬레이션
  - 설계를 검증하고 개선하기 위한 프로토타입 제작
  - 개별 구성 요소나 서브 시스템의 성능 예측 시뮬레이션
- 최적화
  - 성능, 비용 효율성 또는 양산성을 개선하기 위한 설계 최적화
  - 재료, 공정, 형상 등의 개선 활동

- 구성 요소 검증
  - 구성 요소나 서브 시스템이 특정 요구사항을 충족하는지 검증하기 위한 테스트 계획수립
  - 시스템 엔지니어와 협력하여 해당 구성 요소가 상위 시스템과의 통합성을 확인

### 1.1.4 시스템 개발 수명주기 모델(System Development Life-Cycle Model)

산업별 표준이나 조직에 따라서 용어가 조금씩 다르겠지만 일반적으로 시스템을 개발하는 단계는 요구사항 분석, 시스템 설계, 제작·구현, 통합 및 시험 순으로 진행된다. 이러한 시스템 개발 수명주기를 단계적으로 어떻게 적용하느냐에 따른 몇 가지 수명주기 모델이 있다.

■ 폭포수 모델(Waterfall Model)

- 요구분석, 설계, 개발, 통합 및 시험평가 과정을 순차적으로 접근하여 개발해 나가는 모델이다.
- 개발 진행 과정의 이해와 프로젝트관리가 용이하다. (문서관리, 일정 진척관리 등)
- 각 단계가 끝나면 문서화된 결과물이 나오므로 검토와 승인 절차가 명확하다.

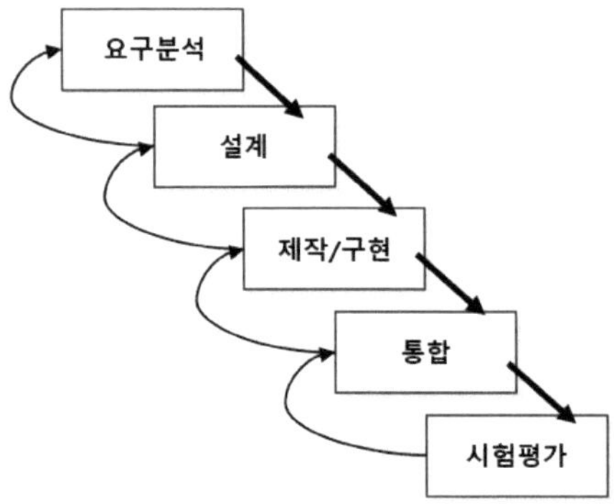


그림 1.3 폭포수 모델

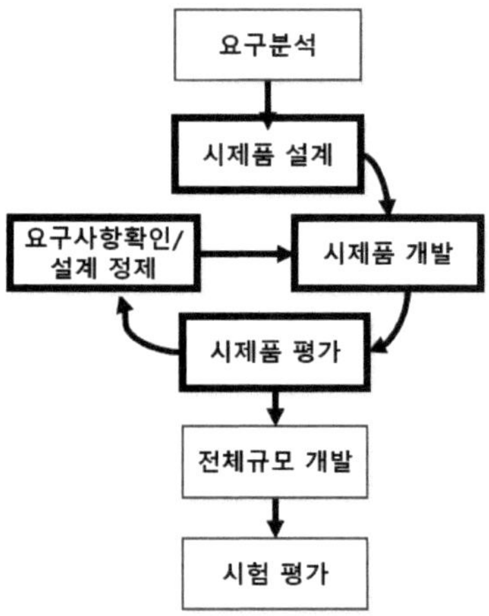


그림 1.4 프로토타입 모델

- 요구사항이 명확하고 변경 가능성이 낮은 사업에 적합한 모델이다. 반면에 요구사항이 자주 바뀌거나 불확실한 환경에서는 비효율적이다.
- 이전 단계로 되돌아가기가 어려워 요구사항 변경의 유연성이 떨어진다.
- 시험 단계가 후반에 있기 때문에 오류 발견이 늦어지고 수정 비용이 커질 수 있다.

■ 프로토타입 모델(Prototype Model)

- 초기에 이해관계자의 요구를 명확히 하기 위해 시제품(프로토타입)을 먼저 만들어 검토, 피드백을 받은 후, 전체를 개발해 나가는 모델이다.
- 이해관계자와 개발자가 프로토타입을 통해 상호 이해를 높여, 불완전하거나 모호한 요구사항의 구체화가 가능하다. (요구사항 도출 용이)
- 초기 단계에서 시스템의 기능·성능의 문제점을 확인하고 개선할 수 있어 기술적 리스크를 줄일수 있다.
- 프로토타입을 반복적으로 만들고 수정하는 과정에서 예상보다 개발 비용과 시간이 많이 들 수 있다.
- 고객이 프로토타입을 보고 "거의 완성된 제품"으로 오해하는 기대심리 유발로 불필요하거나 과도한 요구가 발생할 수 있다.

■ 나선형 모델(Spiral Model)

- 폭포수 모델의 순차성과 프로토타입 모델의 반복성, 그리고 위험관리를 결합한 모델로써, 시스템 개발을 4가지 반복 주기로 나누어, 각 주기마다 요구분석, 설계, 개발, 검증 과정을 거쳐서 진행한다.
- 각 주기에서 위험을 분석하고 해결하므로, 대규모·복잡한 프로젝트에 적합하다.
- 반복 주기마다 이해관계자의 피드백을 받아 요구사항을 점진적으로 구체화한다.
- 위험 분석을 제대로 수행하려면 경험과 전문성이 높은 인력이 필요하다.
- 반복 개발과 위험 분석 과정으로 소규모 프로젝트에는 오히려 비효율적일 수 있다.
- 반복 주기
  - 목표 설정: 당해 주기에서 달성할 목표, 대안 및 제약 조건 정의
  - 위험 분석: 대안의 타당성 평가 및 기술적·관리적 위험 분석, 필요시 프로토타입 등을 제작하여 위험 완화

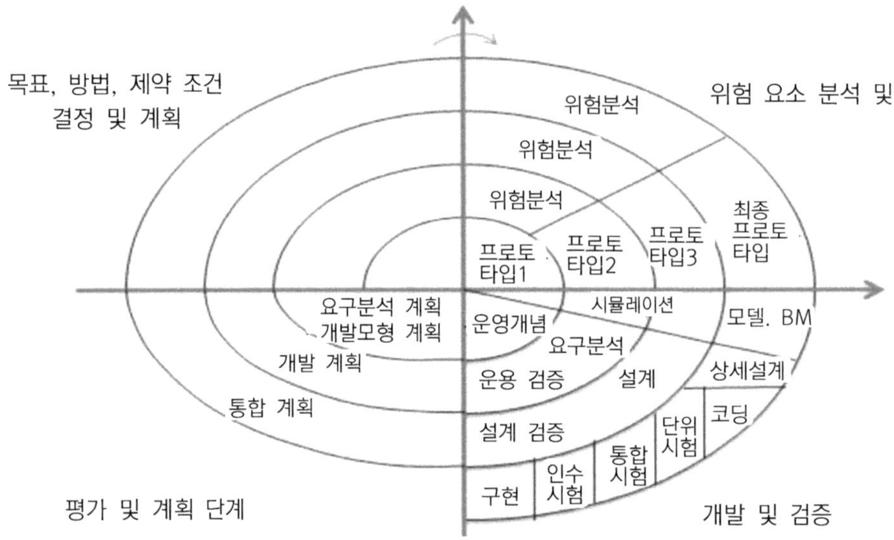


그림 1.5 나선형 모델

- 개발 및 검증: 위험 분석을 바탕으로 실제 분석, 설계, 구현·제작 및 시험 수행
- 평가 및 계획수립: 당해 주기 결과물에 대한 고객 평가 및 피드백, 다음 주기에 대한 계획수립

### ■ 점진적 모델(Iterative Model)

점진적 수명주기 모델에는 증분 개발 모델과 진화적 개발 모델이 있다. **증분 개발 모델**은 전체 시스템을 조금씩 나누어(증분) 개발하여 운영하면서 점차적으로 전체 시스템을 완성하는 방법이며, **진화적 개발 모델**은 시스템을 점진적으로 개발하면서 시스템의 기능·성능을 개선, 진화시켜 최종 시스템으로 발전시키는 방법이다.

- **증분 개발 모델**(Incremental Development Model)
  - 프로토타입 모델과 같이 반복적으로 개발하나, 각 증분이 갖는 시스템을 배포하여 운영 측면에서 프로토타입 모델과 차이가 있다.
  - 각 증분은 완전한 기능 단위를 포함하며 사용자는 초기 단계에서도 부분적으로 동작하는 시스템을 이용할 수 있다.
  - 각 증분 개발에 충분한 자원을 할당할 수 있다면, 각 증분의 병행 개발을 통해 개발기간을 단축할 수 있다.
  - 시스템 아키텍처 설계가 강건해야 하며, 개발 초기에 요구사항이 명확히 정의된

경우에 적합하다.

- **진화적 개발 모델**(Evolutionary Development Model)
  - 처음부터 완전한 시스템을 개발하지 않고, 초기에는 핵심 기능만 구현하여 운영하면서 사용자의 피드백과 요구 변화를 반영하여 시스템을 점진적으로 발전해 나가는 방법이다.
  - 사용자와 상호작용을 통해 요구사항의 명확화가 가능하나, 점진적 개발에 따른 구조적 복잡성이 증가할 수 있고 범위, 일정, 비용 등에 대한 장기적 예측에 어려움이 있다.
  - 요구사항이 불명확하거나 자주 변경될 가능성이 높은 프로젝트나, 시장 반응에 유연하고 빠르게 대응해야 할 경우에 적합하다.

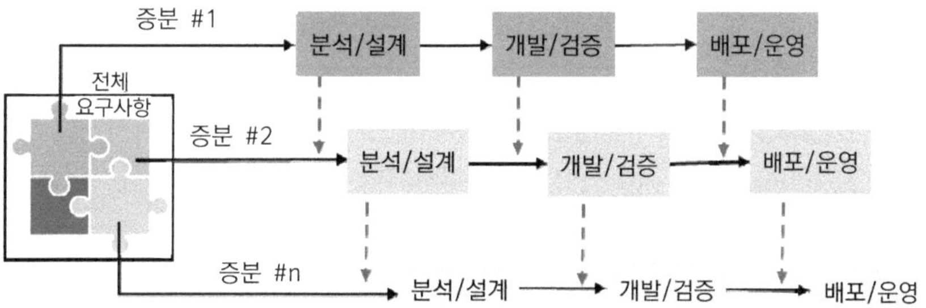


그림 1.6 증분 개발 모델

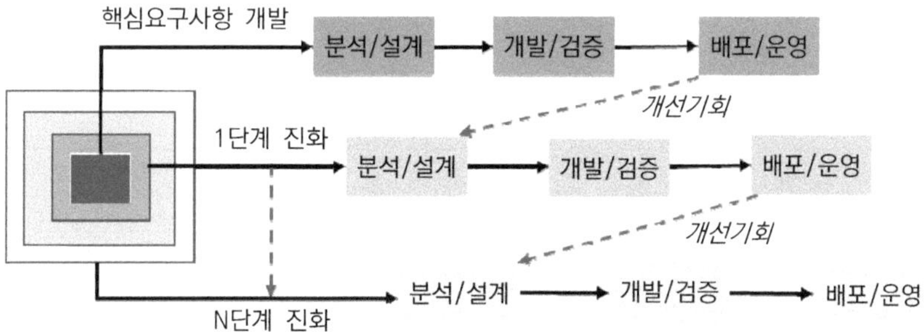


그림 1.7 진화적 개발 모델

### 1.1.5 모델 기반의 시스템엔지니어링(MBSE)

모델(Model)은 물리적 세계의 중요한 특징이나 개념을 추출하여 직관적으로 이해하기 쉽게 그래픽 등으로 묘사(Visualization)한 것을 의미한다. **MBSE(Model-Based Systems Engineering)**는 시스템의 복잡성과 추적성 관리, 조기 오류 발견, 개발팀 협업 강화, 재사용 가능한 아키텍처 개발 등에 목적을 두고, 문서(텍스트) 기반의 시스템 개발 활동을 넘어서 디지털 모델을 중심으로 설계, 분석, 검증 등을 수행하는 기법이다. MBSE는 단순히 모델을 표현하는 것이 아니라, 모델을 통해 시스템 전체를 이해하고 설계, 검증하는 체계적 접근법으로 국방, 항공우주, 철도, 자동차 등 복잡한 시스템 개발 프로젝트에서는 매우 중요하게 요구된다.

그래픽(Graphic) 모델을 생성하기 위한 대표적 모델링 언어가 SysML(System Modeling Language)이다. SysML은 UML(Unified Modeling Language)에서, 소프트웨어뿐 아니라 하드웨어, 정보, 프로세스, 인력 등 복합시스템 전반을 모델링할 수 있도록 확장한 모델링 언어다. 이는 복잡한 시스템 구성 요소와 동작, 요구사항 등을 시각화하는 데 도움이 되는 다양한 다이어그램을 제공하고 있다.

**SysML**은 거동(Behavior), 요구사항(Requirement), 구조(Structure) 다이어그램으로 구성되어 있으며, 엑티비티 다이어그램, 시퀀스 다이어그램, 스테이트 머신 다이어그램 등 전체 9개의 다이어그램으로 구성되어 있다.

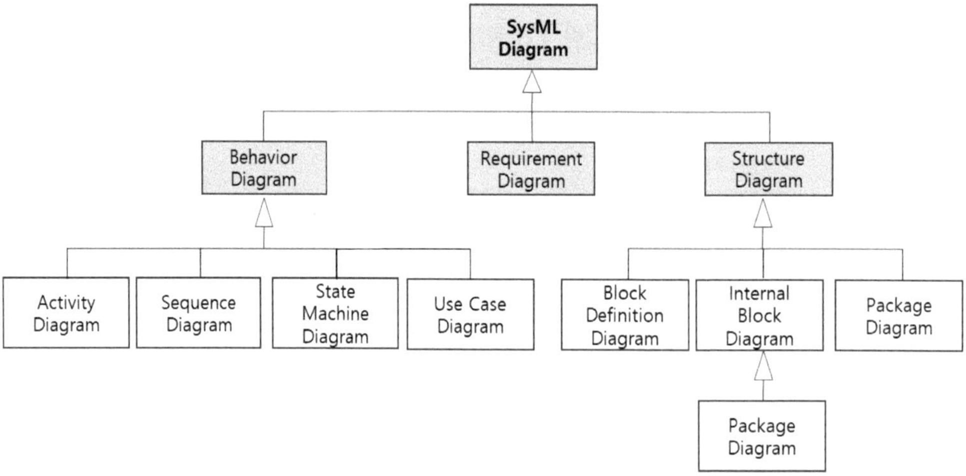


그림 1.8 SysML 다이어그램

표 1.1 SysML 다이어그램의 주요 특징

| 다이어그램 | 설명 |
| --- | --- |
| Requirement Diagram | - 요구사항과 시스템 요소 간 관계 표현<br>- 요구사항, 상·하위 요구사항의 관계, 검증, 추적 가능<br>- 요구사항 관리 및 요구사항 추적에 용이 |
| Sequence Diagram | - 시간 순서에 따른 메시지 교환 표현<br>- 객체와 블록 간 상호작용을 시간순으로 표현<br>- 메시지 순서, 동기·비동기 호출 구분 가능 |
| State Machine Diagram | - 시스템의 상태 전이 표현 (상태, 이벤트, 전이, 액션)<br>- 이벤트 기반 동작 및 상태 변화 분석에 유용 |
| Use Case Diagram | -사용자(actor)와 시스템의 상호작용을 표현<br>-시스템의 기능적 요구사항을 식별하는데 유용<br>-개발자 간 원활한 의사소통에 유용 |
| Block Definition Diagram | - 시스템의 구조와 블록(Block) 간의 관계 정의<br>- 블록, 속성, 연관 관계, 일반화(상속) 등을 표현<br>- UML 클래스 다이어그램과 유사 |
| Internal Block Diagram | - 블록 내부 구조와 블록 간 인터페이스 표현<br>- 블록 내부 파트(part)와 포트(port), 인터페이스 표현<br>- 실제 시스템 구성 요소 간 연결 관계를 나타냄 |
| Parametric Diagram | - 시스템 제약사항, 수학적 관계를 표현<br>- 시뮬레이션, 성능 검증, 요구사항 검증에 유용 |
| Package Diagram | - 모델을 논리적으로 그룹화하고, 모델 간의 의존성 관계를 표현<br>- 블록, 다이어그램, 요소들을 패키지로 그룹화<br>- 대규모 시스템 모델 관리에 유용 |

### 1.1.6 비용 목표 설계(Design To Cost, DTC)

미국 국방획득대학교(DAU)가 미 국방부(DoD) 프로젝트를 대상으로 총 수명주기 비용을 분석한 결과에 따르면, 실제 프로젝트의 지출 비용은 생산, 배치 및 운용유지 단계에서 크게 발생하나 그 비용이 결정(Committed)되는 시기는 개념 연구(Concept)와 설계 단계(Design)이다. 즉, **개념 연구 단계에서 총 수명주기 비용의 70%가 결정되고 시스템 설계가 끝나면 85%가 결정**된다는 것이다. 이는 프로젝트 초기 단계인 시스템 개념 연구와 설계 단계 활동이 매우 중요한 활동임을 의미하고 있으며, 시스템 개발 초기에서의 결함 제거 비용은 수명주기 후반부로 가면 갈수록 수백 배의 비용이 소요된다는 것을 알 수 있다.

방위사업청에서는 85%의 비용이 시스템 설계 단계에서 결정된다는 것에 주목하고 무기체계 연구개발의 효율성과 신뢰성을 도모하기 위해 목표 비용 관리(Cost As an Independent Variable, CAIV) 기준과 절차를 제시하고 있다. **목표 비용 관리(CAIV)**는 적극적이고 현실적인 목표비용을 설정하고 프로젝트 기간 동안 지속적으로 양산단가 및 운용유지 비용과 성능 간의 절충(Trade-off)을 통하여 목표비용 내에서 성공적으로 무기체계를 개발하기 위한 제도이다. 해당 지침에 의하면, 무기체계 연구개발주관기관은 기술검토회의(SRR, SFR, PDR, CDR, TRR, FCA/PCA) 때를 포함하여 목표비용 관리보고서를 정기적으로 사업관리기관에 제출해야 한다.

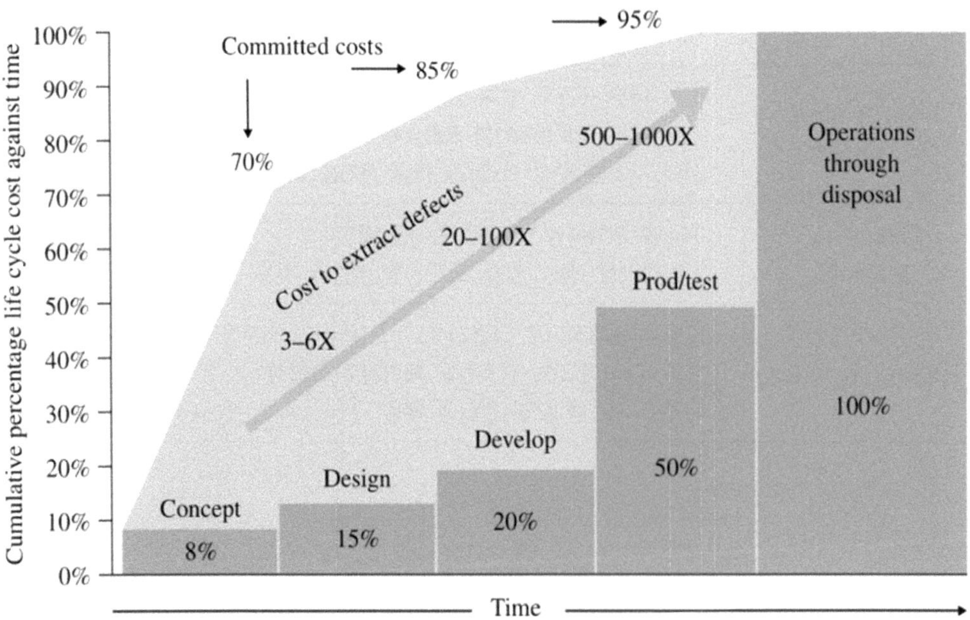


그림 1.9 시스템 수명주기 단계별 확정비용

DTC(Design to Cost)는 제품 목표 원가를 설정하고 비용(Cost)를 고려한 설계의 최적화 방법이다. 시스템의 설계 과정에서 비용을 주요 설계 목표로 설정하여, 요구 성능을 만족시키면서도 비용 제약 내에서 설계하는 기법이다. 즉, 시스템 설계 초기에 목표 비용(Target Cost)을 설정하고, 성능, 일정, 품질 등과 함께 비용을 동등한 설계 요소로 관리함으로써, 시스템의 획득 비용(Acquisition Cost)과 수명주기 비용(Life Cycle Cost)을 최적화하는 것을 목표로 한다. DTC의 목적은 다음과 같다.

- **예산 준수:** 프로젝트 예산 내에서 개발 및 생산 가능 하도록 설계
- **성능과 비용 균형:** 성능 극대화가 우선이 아니라 비용 대비 효과적인 성능 달성
- **총 수명주기 비용 최소화:** 획득 비용과 운영 및 유지비용까지 고려한 비용 최소화
- **설계 대안 분석:** 비용을 기준으로 다양한 설계 대안을 평가하여 의사결정 지원

시스템엔지니어링 수명주기 단계에서 DTC는 초기 요구사항 분석부터 설계 단계 전반에 걸쳐 적용하며, 단순히 비용관리가 아닌 설계 의사결정의 기준으로써 비용을 고려한다. 그래서 개념 연구 및 설계 초기 단계에서 수행하는 것이 가장 효과적이다.

표 1.2 시스템엔지니어링 수명주기 단계의 DTC 활동

| 단계 | DTC 활동 |
|---|---|
| 요구분석 | 비용 제약을 명확히 정의하여 비용 요구사항 수립<br>(목표비용(Target Cost) 설정) |
| 기능분석 및 할당 | PBS(Product Breakdown Structure)를 기반으로 서브 시스템 또는 구성품 단위로 비용 목표를 할당 |
| 설계 조합 | 성능, 일정, 리스크와 함께 비용을 주요 파라미터로 설정하고 대안 식별 및 절충 연구(Trade Off) |
| 검증 및 확인 | 설계안이 목표비용 내에서 달성되는지 확인 |

## 1.2 시스템엔지니어링의 역량(SE Competence)

프로젝트의 성과는 시스템엔지니어링의 능력과 깊은 연관성을 가지고 있기 때문에 시스템엔지니어링 활동을 위해 조직의 시스템엔지니어링의 역량 확보는 매우 중요하다.

국제시스템엔지니어링협회(INCOSE)와 한국시스템엔지니어링협회(KCOSE)에서는 SE 인력의 지식(Knowledge), 경험(Experiences), 역량(Competence) 등을 종합적으로 평가하고, SE 활동의 신뢰성과 전문성을 제고하기 위해 SE 전문자격 인증제도를 운영하고 있다.

INCOSE에서는 ASEP(Associate SE Professional), CSEP(Certified SE Professional), ESEP(Expert SE Professional)의 3개 등급으로 SE 전문가 자격 인증 제도를 유지하고 있다. KCOSE에서는 INCOSE의 자격 인증제도를 참조하여 CSEMA(Certified SE Manager Associate, 레벨 D), CSEM(Certified SE Manager, 레벨 C), CSSEM(Certified Senior SE Manager, 레벨 B), CSEF(Certified SE Fellow, 레벨 A)의 4개 등급 체계의 민간 자격(제 2015-002747호)제도로 운영하고 있다.

INCOSE에서는 시스템엔지니어링 역량을 핵심역량, 전문역량, 관리역량, 기술역량 및 통합역량으로 제시하고 있다.

표 1.3 시스템엔지니어링 역량 프레임워크

| 핵심 역량 | 전문 역량 | 관리 역량 | 기술 역량 | 통합 역량 |
|---|---|---|---|---|
| • 시스템적 사고<br>• 시스템 수명주기<br>• 능력 엔지니어링<br>• 포괄적 엔지니어링<br>• 비판적 사고<br>• 시스템 모델링 및 분석 | • 의사소통<br>• 윤리 및 전문성<br>• 기술적 리더십<br>• 협상<br>• 팀 다이나믹스<br>• 촉진<br>• 감정 지능<br>• 코칭/멘토링 | • 계획수립<br>• 모니터링/통제<br>• 의사결정 관리<br>• 병행 엔지니어링<br>• 비즈니스/기업 통합<br>• 획득 및 공급<br>• 정보 관리<br>• 형상 관리<br>• 리스크/기회 관리 | • 요구사항 정의<br>• 시스템 아키텍팅<br>• 설계<br>• 통합<br>• 인터페이스<br>• 검증<br>• 확인<br>• 전환<br>• 운영/유지보수 | • 프로젝트관리<br>• 예산<br>• 로지틱스<br>• 품질 |

## 1.2.1 핵심 역량(Core Competence)

- 시스템적 사고(Systems Thinking): 시스템엔지니어링에 시스템 사고의 개념 적용
- 수명주기(Life Cycles): 시스템 구현을 위한 적절한 수명주기를 결정
- 능력 엔지니어링(Capability Engineering): 전체 시스템에서 관련 시스템이 수행하는 역할에 대한 인식
- 포괄적 엔지니어링(General Engineering): 수학, 과학, 공학 등의 기초개념 및 적용
- 비판적 사고(Critical Thinking): 의사결정을 위해 주제에 대한 객관적인 분석과 평가
- 시스템 모델링 및 분석(System Modeling & Analysis): 기술적인 이해와 의사결정을 지원하기 위한 모델링 기법의 사용을 포함한 정확한 데이터 및 정보 제공

## 1.2.2 전문 역량(Professional Competence)

- 의사소통(Communication): 정보를 전달하거나 교환하는 동적 프로세스
- 윤리 및 전문성(Ethics & Professionalism): 시스템엔지니어가 기대하는 행동에 대한 개인적·조직적 소양과 기업의 거버넌스
- 기술적 리더십(Technical Leadership): 해당 분야 전문 역량과 함께 시스템엔지니어링에 대한 기술지식과 경험의 적용
- 협상(Negotiation): 이해관계자 간 차이가 존재하는 사안에 대한 유익한 결과에 도달하기 위한 대화
- 팀 다이나믹스(Team Dynamics): 구성원들의 상호작용, 갈등 해결 및 공동의 목표 달성을 위해 팀 행동과 성과의 방향에 영향을 미치는 능력
- 촉진(Facilitation): 프로세스를 처리하거나, 문제를 해결하거나, 또는 목표를 달성하도록 다른 사람을 돕는 활동
- 감정 지능(Emotional Intelligence): 자신과 다른 사람의 감정을 모니터링하고 이 정보를 활용하여 사고와 행동을 가이드하는 능력
- 코칭 및 멘토링(Coaching & Mentoring): 개인의 기술, 지식 또는 작업 성과를 향상하기 위해 1:1 대화를 통한 개발 접근법

### 1.2.3 관리 역량(Management Competence)

- 계획수립(Planning): 여러 분야에 걸쳐 효과적이고 실행가능한 계획수립, 조정 및 유지
- 모니터링 및 통제(Monitoring & Control): 현재 계획이 준수되고 실현 가능한지 확인하기 위해 진행 중인 프로젝트의 평가
- 의사결정 관리(Decision Management): 일련의 대안을 객관적으로 식별, 특성화 및 평가하기 위한 구조화된 분석적 프레임워크
- 병행 엔지니어링(Concurrent Engineering): 업무 병렬화에 근거한 작업 방법론
- 비즈니스/기업 통합(Business & Enterprise Integration): 시스템 개발의 일환으로 기타 내부 이해관계자의 니즈와 요구사항 고려
- 획득 및 공급(Acquisition & Supply): 요구사항에 따라 제품 및 서비스를 획득, 제공
- 정보 관리(Information Management): 관련 이해관계자에게 적절한 수준의 적시성, 정확성 및 보안성 제공을 위해 정보의 모든 측면과 관련된 활동을 다룸
- 형상 관리(Configuration Management): 수명주기 전반에 걸쳐 시스템 기능, 성능 및 물리적 특성의 일관성 보장
- 리스크 및 기회 관리(Risk & Opportunity Management): 불확실한 사건의 발생 가능성을 식별 및 감소시키거나, 불확실한 사건에 의해 제공되는 기회의 가능성 극대화

### 1.2.4 기술 역량(Technical Competence)

- 요구사항 정의(Requirements Definition): 시스템 요구사항 수립을 위한 이해관계자의 니즈와 기대 사항 분석
- 시스템 아키텍팅(System Architecting): 구현 가능한 솔루션을 생산하기 위한 시스템 구조, 인터페이스 및 관련 파생 요구사항의 정의
- 설계(Design): 모든 생명주기 단계에서의 요구사항이 시스템 설계의 정확한 시점에서 다루어지도록 보장
- 통합(Integration): 시스템 요소를 구현된 시스템, 제품 또는 서비스로 통합하기 위한 논리적 프로세스
- 인터페이스(Interface): 시스템 또는 시스템 요소 경계를 지나는 상호작용의 식별, 정의 및 제어

- 검증(Verification): 시스템이 명시된 요건과 특성을 충족한다는 객관적인 증거를 확보하는 공식 절차
- 확인(Validation): 시스템이 의도한 운영 환경에서 의도한 사용을 달성한다는 객관적 증거를 확보하는 공식 프로세스
- 전환(Transition): 검증된 시스템이 부품으로서 구성되는 더 넓은 시스템을 포함하여 운영 환경에 검증된 시스템을 통합
- 운영 및 지원(Operation & Support): 시스템이 능력을 제공하기 위해 사용되며 수명주기동안 지속

## 1.2.5 통합 역량(Integrating Competence)

- 프로젝트 관리(Project Management): 만족스러운 시스템, 제품 및 서비스를 제공하기 위한 계획 및 모니터링/통제 활동
- 예산(Finance): 프로젝트와 관련된 원가 산정 및 추적
- 로지스틱스(Logistics): 최종 사용자에게 이전된 제품의 지원 및 유지
- 품질(Quality): 주요 제품의 특성 만족을 통해 고객 만족 달성

## 1.3 시스템엔지니어링 표준(SE Standard)

시스템엔지니어링(SE) 표준은 1960년대 대규모 군사·우주 프로젝트의 복잡성을 관리하기 위해 등장하였으며, 1969년 미 국방부가 MIL-STD-499를 최초의 SE 공식 표준으로 제정하였다. 2000년대에 들어 국제 표준화가 본격화되면서 ISO/IEC 15288이 제정되었고, 이는 시스템 수명주기 전 과정을 포괄하는 대표적인 국제 SE 표준으로 자리 잡았으며, 국제 시스템엔지니어링협회(INCOSE)가 발간한 시스템엔지니어링 핸드북에서 세부적인 SE 프로세스를 정의하고 있다.

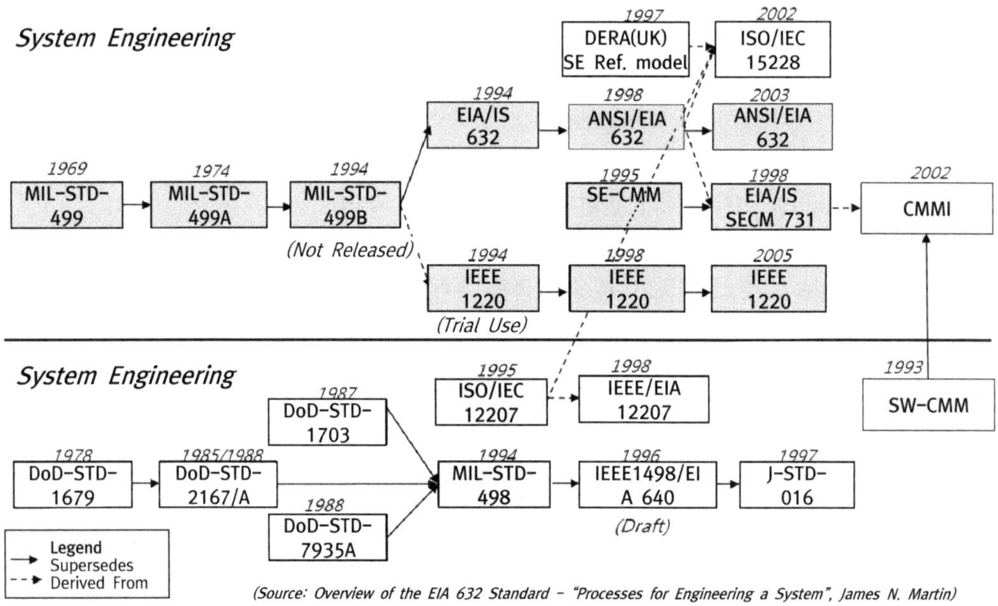


그림 1.10 시스템엔지니어링 표준의 진화 이력

## 1.3.1 MIL-STD-499B

MIL-STD-499B 표준은 방위산업 관련 정부 및 계약업체의 시스템엔지니어링 활동에 도움을 주기 위함을 목적으로 제정되었으며, 이후 시스템엔지니어링 표준의 진화에 많은 영향을 주었다. 1969년에 미 국방부가 MIL-STD-499를 발행하였고 1974년에 MIL-STD-499A로 개정되고, 이후 1994년 MIL-STD-499B로 업데이트 되었다.

그러나 MIL-STD-499B는 공식적으로 릴리즈되지 않았으며, 이후 EIA/IS- 632 및 IEEE 1220 표준의 기반이 되었다. 하지만 MIL-STD-499B는 여전히 시스템엔지니어링 프로세스의 엔진이라고 말할 수 있을 정도로 시스템엔지니어링 실무활동에 많이 활용되고 있다.

MIL-STD-499B 표준은 요구사항 분석, 기능분석 및 할당, 시스템 설계 조합 및 시스템 분석 및 통제 단계로 구성되어 있다. 이러한 활동들은 각 하위 시스템에서 반복적으로 수행(Flow Down)되며, 전체 시스템의 위험, 비용, 기술적 성숙도 및 강건성 등을 고려한 균형적 솔루션(Balanced Solution)으로 전개되어야 한다.

- **요구사항 분석**(Requirements Analysis)
  요구사항 분석 단계는 시스템이 달성해야 하는 임무, 성능, 환경 요구사항 및 제약조건 등을 분석하고 정의하는 단계로, 연구개발 결과물의 성능, 비용, 일정에 대한 리스크(Risk)를 결정하는데 핵심적인 단계이다. 시스템 엔지니어는 시스템의 전 수명주

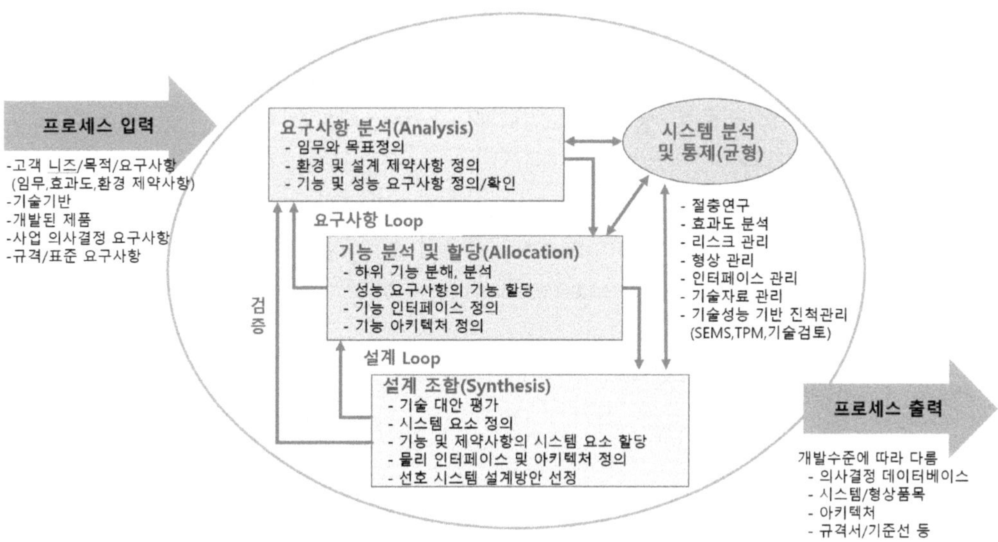


그림 1.11 MIL-STD-499B 구조

기와 관련된 모든 이해관계자의 참여를 통해 가능한 누락 없이 간결하고 명확한 요구사항을 정의한다.

- **기능분석 및 할당(Functional Analysis & Allocation)**
  기능분석 단계는 시스템 요구사항의 달성에 필요한 하부기능을 식별, 분석, 정의하는 단계이다. 상위 수준의 기능 요구 조건 충족을 위해 필요한 하위 수준의 기능으로 하향 조정하고 각 기능 간의 상호 관계와 흐름, 내·외부 인터페이스를 정의한다. 요구분석 단계에서 정의된 기능 및 성능 요구사항을 기능 아키텍처의 각 요소에 할당(Allocation)한다.

- **시스템 설계 조합(System Design Synthesis)**
  시스템 설계 조합 단계에서는 기능(Function) 중심의 아키텍처를 실제적인 물리적 아키텍처(설계)로 전환하는 단계로써, 여러 설계 대안을 평가하고, 최종적으로 구성 요소를 선택 및 통합하고, 물리적 인터페이스를 정의한다.

- **시스템 분석 및 모니터링(System Analysis & Monitoring)**
  시스템 분석 및 모니터링 업무는 시스템의 요구사항 및 기능이 분석되고, 설계안이 조합되는 단계로써 아래 활동들을 수행한다.
  - 비용, 일정, 성능, 리스크 측면에서 균형적 솔루션 유지
  - 기술검토회의 (SRR, SFR, PDR, CDR, TRR, FCA, PCA 등)
  - 절충연구, 리스크관리, 형상관리, 인터페이스관리, 자료관리
  - 기술 성능 관리
    · MOE (Measure of Effectiveness): 시스템 운용효과(능력) 지표
    · MOP (Measure of Performance): 기술적 성능 목표 지표
    · TPM (Technical Performance Measure): MOP 달성 진행 상황을 측정, 추적 관리 지표

## 1.3.2 EIA/ANSI-632

EIA/ANSI-632는 MIL-STD-499B를 밀접하게 반영한 중간 표준(IS)을 전자산업연합회(Electronic Industries Alliance)와 미국 국가표준협회(American National Standards Institute)가 보다 일반적인 형태로 대폭 개정한 표준이다. 이 표준은 획득 및 공급, 시스템 설계, 제품 실현, 기술적 관리 및 평가에 대한 13개의 프로세스로 구성되어 있으며 시스템을 설계하는 개발자를 위한 기본 프로세스 세트(Set)를 통합적으로 제공한다.

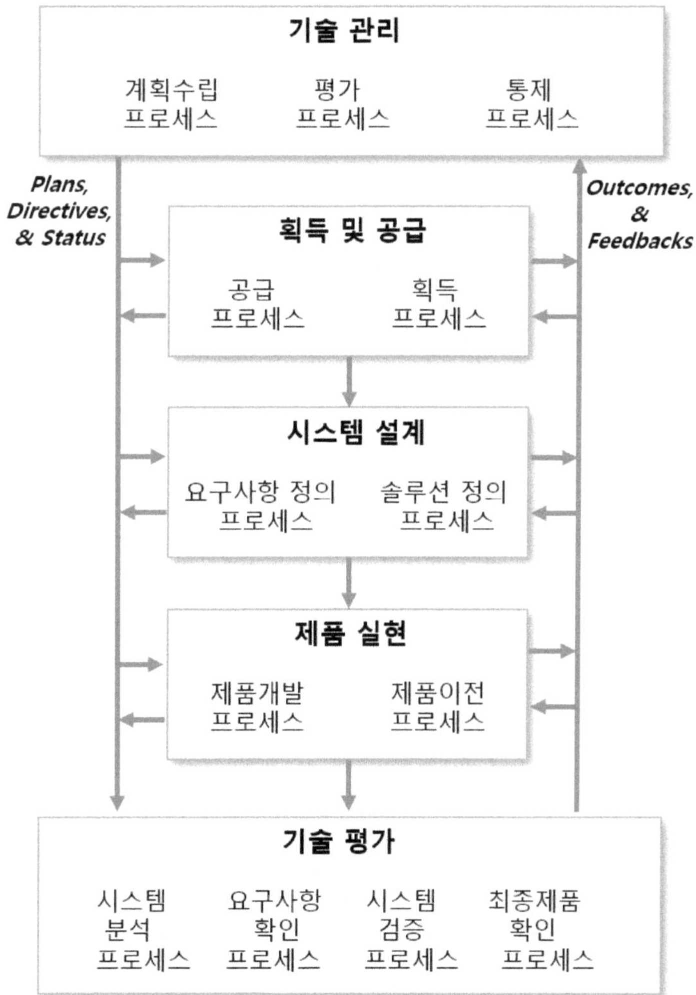


그림 1.12 EIA/ANSI-632 프로세스 구조

■ **기술 관리**
- 계획수립 프로세스: 프로세스 수행 전략 수립, 기술작업 정의, 일정 및 조직 정의, 기술계획 수립
- 통제 프로세스: 작업 성과관리, 정보공유 및 의사소통 관리
- 평가 프로세스: 계획 및 일정 대비 진척관리, 요구사항 대비 성과관리, 기술검토

■ **획득 및 공급**
- 공급 프로세스: 제품 공급
- 획득 프로세스: 제품 획득, 공급자 성과 모니터링

■ **시스템 설계**
- 요구사항 정의 프로세스: 이해관계자 요구 획득, 시스템 요구사항 정의
- 솔루션 정의 프로세스: 논리적 솔루션 정의, 물리적 솔루션 정의, 구성요소 할당 요구사항 명세

■ **제품 실현**
- 제품개발 프로세스: 제품 구현/제작, 통합
- 제품이전 프로세스: 운영환경으로 제품 이전

■ **기술적 평가**
- 시스템 분석 프로세스: 시스템 효과성 분석, 절충(Trade-off) 분석, 리스크 분석
- 요구사항 확인 프로세스: 요구사항 명세 확인, 획득 요구사항 확인, 기타 이해관계자 요구사항 확인, 시스템 기술적 요구사항 확인, 논리적 솔루션 확인
- 시스템 검증 프로세스 설계 솔루션 검증, 최종제품(End-Product) 검증, 지원제품(Enabling Product) 검증
- 최종제품 확인 프로세스: 최종제품(End-Product) 확인

### 1.3.3 IEEE 1220

IEEE 1220 표준은 시스템의 요구사항을 만족시키기 위한 설계 및 개발 방법론을 제공한다. 시스템의 정의, 요구사항 분석, 설계, 통합, 검증 및 확인 활동을 포함한 종합적인 접근 방식을 제시하고 있다.

- **요구사항 분석 및 확인**(Requirements Analysis & Validation)
  - 프로젝트 및 조직의 제약 조건 정의
  - 외부적 제약 요소 정의(법적 규제요건, 관련 표준 및 기준 등)
  - 시스템 운용 시나리오 및 운용 환경 정의
  - 효과도 측정지표 정의(MOE - 성능, 안전성, 운용성, 신뢰성, 정비성 등)
  - 시스템 바운더리(경계) 및 인터페이스 정의
  - 성능, 기능, 요구사항 정의
  - 요구사항 기준선 수립 및 요구사항 확인

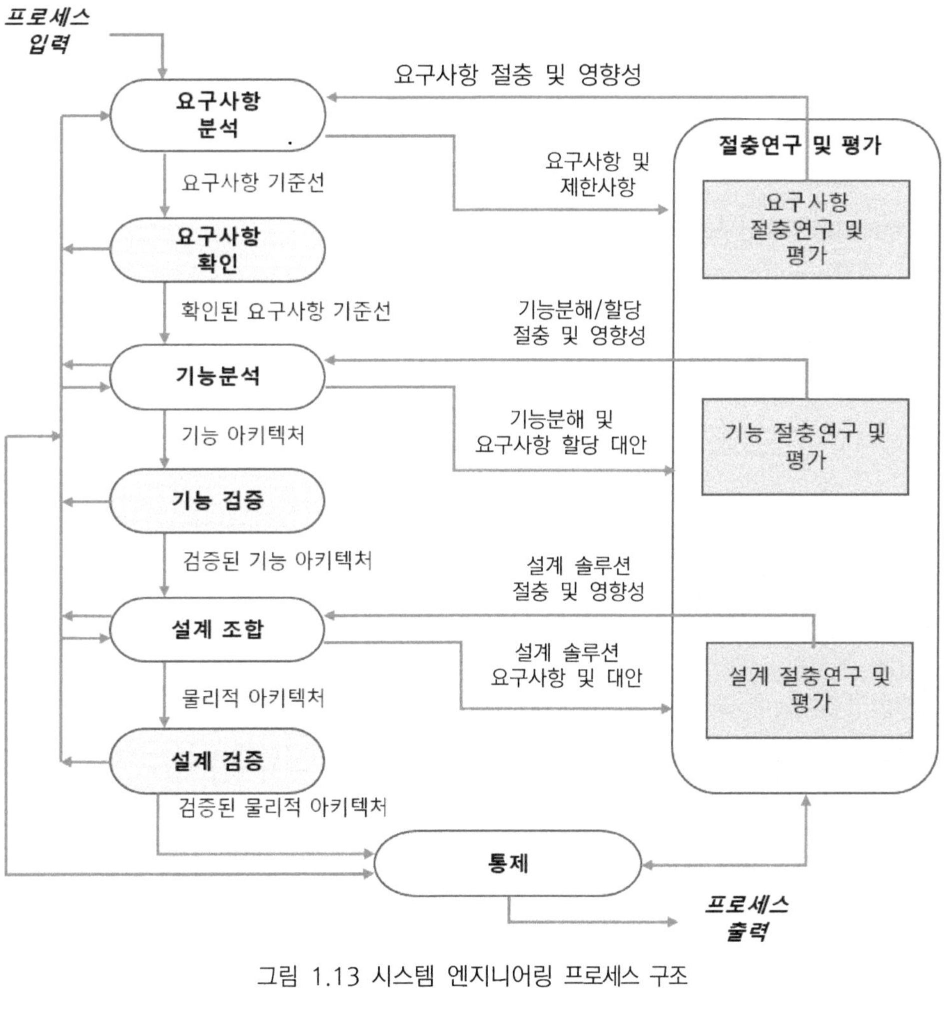

그림 1.13 시스템 엔지니어링 프로세스 구조

- **기능 분석 및 검증(Functional analysis & Verification)**
  - 시스템 기능 분해(Function Decomposition)
  - 기능 흐름도(Functional Flow Block Diagram, FFBD) 작성
  - 기능 간 인터페이스 및 순서 정의
  - 기능별 성능 할당 - 기능 검증(요구사항 추적성, 기능 아키텍처 완전성, 기능/성능 지표, 제약조건 충족 등)

- **설계 조합 및 검증(Design Synthesis & Verification)**
  - 하드웨어, 소프트웨어, 인적 요소의 설계 조합
  - 물리 아키텍처 설계 및 인터페이스 정의
  - 구성요소 간 통합 계획 수립
  - 설계 대안(Architecture Alternatives) 평가 및 선택
  - 설계 검증 수행(Test, Analysis, Simulation)

- **통제 및 절충연구(Contorl & Trade-off study)**
  - 절충연구(Trade-off Study) 및 평가
  - 기술적 성과측정(Technical Performance Measurement, TPM)
  - 위험관리, 형상관리, 데이터관리 등

### 1.3.4 ISO/IEC/IEEE 15288

ISO/IEC 15288 표준은 소프트웨어 및 시스템 전체 수명주기 프로세스를 정의한 공통 프레임워크이다. 2015년에 IEEE와 공동 작업을 통해 최신 시스템엔지니어링 프렉티스와 기술 발전을 반영한 ISO/IEC/IEEE 15288 표준으로 개정되었으며, 현재는 대표적인 시스템엔지니어링 표준으로써, 국제적으로 널리 활용되고 있다.

ISO/IEC/IEEE 15288은 합의 프로세스, 조직의 프로젝트 지원 프로세스, 기술관리 프로세스 및 기술 프로세스 4개의 프로세스 범주에 전체 30개의 프로세스로 구성되어 있다. 프로세스 범주별 각각의 프로세스는 프로세스의 목적, 프로세스 목적의 성공적 달성을 나타내는 수행 결과물, 수행 활동 및 태스크로 구성되어 있다. 프로세스 범주에 따른 각 프로세스별 주요 활동을 아래와 같이 정리하였으며, 실무 적용을 위한 구체적인 내용은 ISO/IEC 15288:2015 표준과 INCOSE 시스템엔지니어링 핸드북을 참조하기를 권장한다.

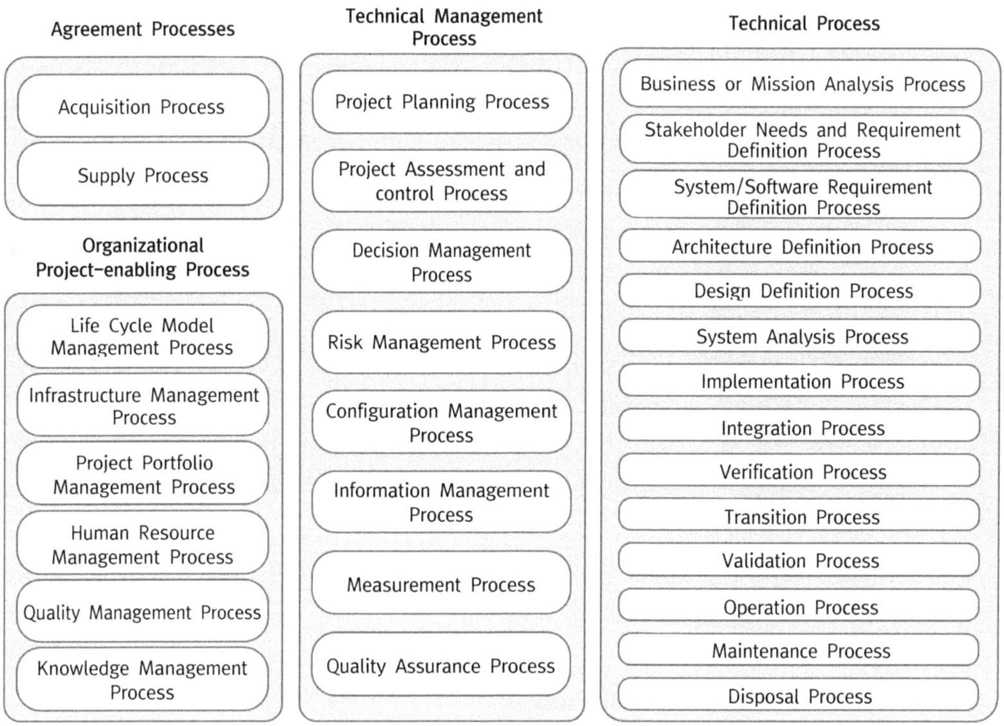


그림 1.14 ISO/IEC/IEEE 15288:2015 프로세스 구조

- **합의 프로세스 범주(Agreement Process)**
  - **획득 프로세스**: 획득 준비, 획득유치와 공급자 선정, 협상 및 계약체결, 계약 이행 모니터링, 제품 또는 서비스 인수
  - **공급 프로세스**: 공급(자) 기회 식별, 공급 요청에 응답, 협상 및 계약체결, 계약 내용 실행, 제품 또는 서비스 납품 및 지원, 계약종료

- **조직 프로젝트 지원 프로세스 범주(Organizational Project-Enabling Process)**
  - **수명주기 모델 관리 프로세스**: 프로세스 구축, 프로세스 평가 및 개선
  - **기반구조 관리 프로세스**: 기반구조 구축, 기반구조 유지관리
  - **프로젝트 포토폴리오 관리 프로세스**: 프로젝트 착수, 프로젝트 포토폴리오 평가, 프로젝트 종료
  - **인적자원 관리 프로세스**: 스킬(Skill) 식별 및 개발, 스킬(Skill) 획득 및 제공
  - **품질 관리 프로세스**: 품질관리 계획수립, 품질 평가, 시정 및 예방조치
  - **지식관리 프로세스**: 지식관리 계획수립, 조직 차원의 지식, 스킬 및 지식자산의 관리

- 기술 관리 프로세스 범주(Technical Management Process)
  - **프로젝트 계획수립 프로세스**: 프로젝트 정의, 프로젝트 및 기술관리 계획수립, 프로젝트 착수
  - **프로젝트 평가 및 통제 프로세스**: 프로젝트 평가/통제 계획수립, 프로젝트 평가, 프로젝트 통제
  - **의사결정 프로세스**: 의사결정 준비, 의사결정 정보 분석, 의사결정 및 관리
  - **리스크 관리 프로세스**: 리스크 계획수립, 리스크 프로파일 관리, 리스크 분석, 리스크 처리, 리스크 모니터링
  - **형상 관리 프로세스**: 형상관리 계획수립, 형상식별, 형상변경관리, 형상상태 정보관리, 형상확인, 릴리즈 통제
  - **정보 관리 프로세스**: 정보관리 준비, 정보관리 활동 수행
  - **측정 프로세스**: 측정분석 계획수립(측정지표 수립 및 운영 정의), 데이터 측정분석 및 활용
  - **품질보증 프로세스**: 품질보증 활동 준비, 제품/서비스 평가, 프로세스 평가, 품질보증 활동 기록 및 관리, 사건 및 문제 처리

- 기술 프로세스 범주(Technical Process)
  - **비즈니스 또는 임무 분석 프로세스**: 비즈니스 또는 임무 분석, 문제 및 개선 기회 정의, 해결점 특성화, 대안 평가, 비즈니스 또는 임무 분석 관리
  - **이해관계자 니즈(Needs) 및 요구사항 정의 프로세스**: 이해관계자 니즈 및 요구사항 도출, 이해관계자 니즈 및 운영 개념 정의, 이해관계자 니즈를 요구사항으로 변환, 이해관계자 요구사항 분석, 이해관계자 니즈 및 요구사항 정의 관리
  - **시스템 요구사항 정의 프로세스**: 시스템 요구사항 정의 준비, 시스템 요구사항 정의 및 분석, 시스템 요구사항 관리
  - **아키텍처 정의 프로세스**: 아키텍처 정의 준비, 아키텍처 관점 개발, 아키텍처 후보 모델 및 관점 개발, 아키텍처 후보 평가 및 선정, 선정된 아키텍처 관리
  - **설계 정의 프로세스**: 설계 정의 준비, 설계특성 및 설계 인자 수립, 시스템 요소 획득에 대한 후보 평가, 설계 관리
  - **시스템 분석 프로세스**: 시스템 분석 준비, 시스템 분석 수행, 시스템 분석 관리
  - **구현 프로세스**: 구현 준비, 구현 실행, 구현 결과 관리
  - **통합 프로세스**: 통합 준비, 제품 통합 수행, 통합 결과 관리
  - **검증 프로세스**: 검증 준비, 검증 수행, 검증 결과 관리

- **이전 프로세스**: 이전 준비, 이전 수행, 이전 결과 관리
- **확인 프로세스**: 확인 준비, 확인 수행, 확인 결과 관리
- **운영 프로세스**: 운영 준비, 운영 수행, 운영 결과 관리, 고객지원
- **유지보수 프로세스**: 유지보수 준비, 유지보수 수행, 유지보수 결과 관리
- **폐기 프로세스**: 폐기 준비, 폐기 수행, 폐기 종료

### 1.3.5 CMMI(Capability Maturity Model Integration)

1990년대 초 미 국방부(DoD)는 소프트웨어 프로젝트의 품질과 일정 문제를 해결하기 위해 카네기멜론대학 소프트웨어공학연구소(CMU/SEI)에 의뢰하여 미 국방부에 소프트웨어를 납품하는 조직의 소프트웨어 개발 프로세스의 능력 성숙도를 평가하고 프로세스 개선을 위한 SW-CMM (Software Capability Maturity Model) 모델을 개발하였다.

2000년도에 들어서 CMU/SEI는 기존의 다양한 CMM 모델을 통합하여 소프트웨어 뿐만 아니라 시스템엔지니어링, 제품개발, 서비스 제공 등 여러 산업 분야에 적용될 수 있는 CMMI(Capability Maturity Model Integration) v1.0을 발표했다. 이후, CMMI 모델은 다양한 비즈니스 요구를 충족하기 위해 v1.1, v1.2 및 v1.3을 거치면서 진화하였고, 2018년에 다양한 비즈니스 도메인을 추가하고 조직의 비즈니스 성과(Performance) 극대화에 초점을 둔 v2.0, 이어서 2023년에 v3.0이 발표되었다.

현재 CMMI 모델은 전 세계적으로 시스템 개발 조직의 능력 성숙도를 평가하고 프로세스 개선을 위한 참조 모델로 다양한 산업계에서 널리 활용되고 있다. CMMI에 대한 자세한 내용은 〈Chapter 4〉에 다룬다.

**핵심 리뷰 포인트**

1. 시스템과 시스템엔지니어링의 정의는?
2. 시스템적 사고(Systems Thinking)란?
3. 대표적인 시스템 개발 수명주기 모델과 각 모델의 특징은?
4. 시스템엔지니어링의 5가지 역량과 주요 내용은?
5. 시스템엔지니어링 표준인 MIL-STD 499B와 ISO/IEC 15288 프로세스 구조와 주요 내용은?

# Chapter 2

## 프로젝트관리
## (Project Management)

# 2.1 프로젝트관리 개요

## 2.1.1 프로젝트, 프로그램 및 프로젝트관리의 정의

프로젝트관리에 대한 국제 표준인 **PMBOK**(Project Management Body Of Knowledge, 프로젝트관리지식체계)에 대해서 먼저 설명한다. PMBOK은 미국 PMI(Project Management Institute, 프로젝트관리협회)가 제정한 프로젝트관리 국제 표준 지침서로써, 성공적 프로젝트 수행을 위해 필요한 지식, 기술, 도구 및 기법들을 정리한 베스트 프랙티스(Best Practice) 모음집이다. PMI에서는 프로젝트를 성공적으로 관리할 수 있는 능력을 공식적으로 인증해 주는 프로젝트관리 전문가 자격증인 **PMP**(Project Management Professional) 인증 제도를 주관하고 있으며, 관련 통계에 따르면(www.knowledgehut.com), 2025년 2월 기준, PMP 자격 보유자는 전 세계적으로 150만명 이상이며, 한국은 약 10,700명이다.

PMBOK은 1987년 초판이 발행되고, 2024년 현재 7판이 발행되었으며 특정 산업에 국한되지 않고, 건설·IT·제조·서비스 등 모든 분야의 프로젝트에 적용 가능하다. 본 책에서는 현장에서 많이 참고되고 있는 PMBOK 6판에 기반하여 프로젝트 실무 중심으로 정리하였다.

프로젝트(Project)와 프로그램(Program)의 차이가 무엇이며, 프로젝트관리란 무엇인가? PMBOK에서는 프로젝트, 프로그램 및 프로젝트관리에 대한 정의를 다음과 같이 하고 있다.

■ **프로젝트**(Project): 프로젝트란, 고유한 제품, 서비스 또는 결과물을 만들어 내기 위해 수행하는 한시적인 노력(A project is a temporary endeavor undertaken to create a unique product, service, or result)이라고 PMBOK에서는 정의하고 있다.

- **명확한 목표**(Goal oriented): 프로젝트는 특정한 목표나 목적을 달성하기 위해 수행된다. 이 목표는 프로젝트의 범위, 원가, 납기, 품질 등의 제약사항 내에서 이루어진다.
- **한시적 활동**(Temporary): 프로젝트는 명확한 시작과 끝이 있는 한시적인 활동이다. 특정 목표나 결과를 달성하기 위해 수행되며, 목표가 달성되면 프로젝트는 종료된다.
- **고유한 결과물**(Uniqueness): 프로젝트는 항상 새로운 제품, 서비스 및 결과물을 창출한다. 모든 프로젝트는 범위, 기간, 원가, 이해관계자 등이 다르기 때문에 유사한 프로젝트는 있지만 동일한 프로젝트는 존재하지 않는다. 프로젝트의 결과물은 이전에 존재하지 않았던 고유한 것이며, 특정 요구사항을 만족시킨다.

표 2.1 프로그램과 프로젝트관리

| 구분 | 프로그램(Program) | 프로젝트(Project) |
|---|---|---|
| 목표 | 개별 프로젝트에서 얻을 수 없는 이익을 얻기 위해 통합된 방식으로 관리되는 관련 프로젝트, 하위 프로그램 그룹 | 고유한 제품, 서비스 또는 결과물을 생성하기 위해 수행하는 일시적인 노력 |
| 목표 | 기업의 전략 실행과 비즈니스 또는 조직의 전략적 목표 달성 | 해당 프로젝트의 특정 목표 달성 (일정, 예산, 요구기능/성능 만족) |
| 초점 | 편익(benefit) | 제공 산출물(deliverable) |
| 관리 방식 | 여러 관련 프로젝트와 협력, 공유, 조정 및 상호 의존성 관리 | 단일 프로젝트 개별적으로 관리 |
| 지속성 | 장기간 지속성이 강함 | 한시적 (시작일과 종료일이 명확) |

- **점진적 상세화**(Progressive elaboration): 프로젝트의 초기계획 단계에서 개략적으로 수립된 계획과 정보가 프로젝트 진행 중에 점진적으로 상세화된다. 따라서 프로젝트 계획은 지속적으로 업데이트하고 상황에 따라 계획을 수정하고 구체화한다.
- **불확실성**(Uncertainty): 프로젝트는 종종 높은 수준의 복잡성과 불확실성을 동반한다. 이러한 특성 때문에 프로젝트관리는 체계적이고 계획적인 접근이 필요하다.

■ **프로그램**(Program): 개별 프로젝트에서는 얻을 수 없는 편익(benefit)을 얻기 위해 통합된 방식으로 관리되는 관련 프로젝트, 하위 프로그램 그룹을 말한다. 프로그램의 시작은 수립된 조직의 전략적 목표 또는 목적에서 비롯되며, 정의된 범위에 기초하여 특정 결과물을 생산하는 프로젝트와는 다르게, 프로그램은 조직이 원하는 잇점에서 시작한다. 프로그램에 포함된 프로젝트들은 공동의 산출물이나 협업을 통해 관계가 형성된다.

일반적으로 프로젝트 관리자는 프로젝트와 제공 산출물(deliverable)의 성공적인 완성에 책임을 가지는 반면에 프로그램 관리자는 프로젝트를 직접 관리하지는 않지만, 일정과 비용 내에서 프로그램 목표를 달성할 수 있는지의 관점에서 프로젝트의 진척 현황과 활동을 모니터링한다. 프로그램 관리자는 의도된 편익 달성을 위해 필요한 특정 결과물을 식별하고, 의도된 편익을 실현하는데 기여하는 결과물을 생산할 수 있도록 프로젝트에 권한을 부여한다. 프로그램 관리자는 프로젝트 상호 의존성에 중점을 두고 여러 프로젝트에 영향을 미치는 자원 제약 및 충돌 해결, 프로젝트 및 프로그램 목표와 목적에 영향을 미치는 조직의 전략적 방향 조율, 이슈 해결 및 변경 관리 등의 역할을 수행한다.

- **포토폴리오**(Portfolio): 조직의 전략적 목표 달성을 위해 하나의 그룹으로 관리되는 프로젝트, 프로그램, 하위 포토폴리오 및 운영 업무의 집합체를 말한다. 조직은 비즈니스 목표 달성을 위한 포토폴리오를 실행하기 위해 여러 프로그램을 구성하고 개별 프로젝트 실행을 통해 프로그램의 목표를 달성한다.

- PMO(Project Management Office, **전사적 프로젝트관리 조직**): 개별 프로젝트가 아닌, 전사 포토폴리오 및 프로그램 운영을 위해서는 PMO와 같은 전사적 프로젝트 관리 조직이 필요하다.
  PMO는 프로젝트 관련 거버넌스 프로세스를 표준화하고 자원, 방법론, 도구 및 기법 등의 공유를 지원하며, 비즈니스 전략에 기반한 프로젝트 포토폴리오 관리와 전사적

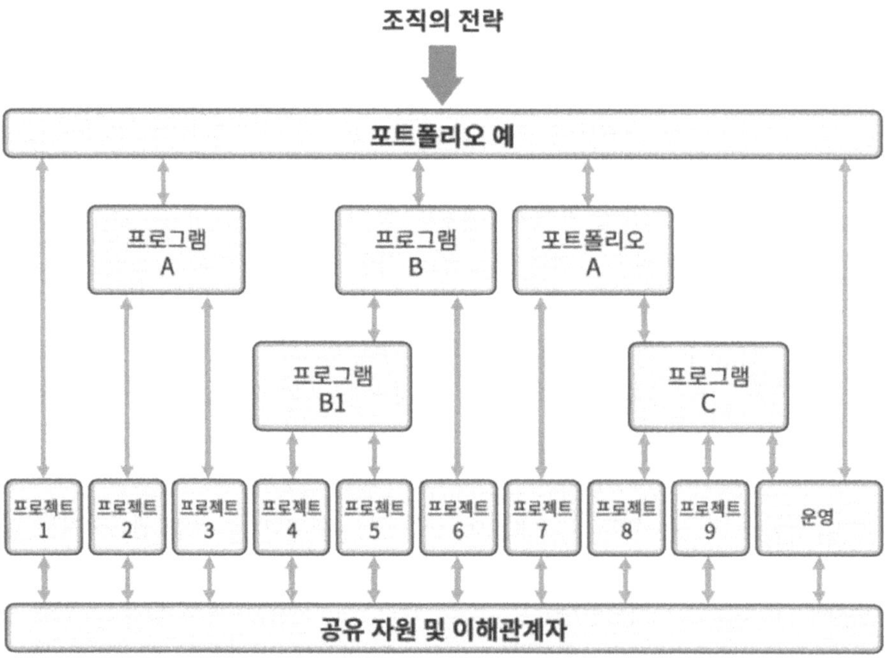


그림 2.1 포토폴리오, 프로그램 및 프로젝트와의 상호 연계성

프로젝트 리스크관리를 통해 프로젝트 수익성 제고를 위한 전사적 프로젝트 운영관리 조직을 말한다.

PMO는 여러 가지 유형의 있으며 각 유형이 조직에서 프로젝트에 미치는 영향력과 통제력 수준은 서로 다르다.

- **지원형**(Supportive PMO): 템플릿, 모범사례, 교육, 지침 등 지원 및 자문을 제공하는 역할을 수행하며, 프로젝트 통제 권한이 거의 없고 프로젝트관리 여부는 각 부서/팀에서 알아서 수행한다. 장점으로는 유연성이 높고 조직적 저항이 적으나, 프로젝트관리 성숙도가 낮을 경우 비 효과적일 수 있다.
- **통제형**(Controlling PMO): 프로젝트 방법론, 표준 및 도구를 정의하고, 프로젝트의 준수 여부를 감사 및 모니터링하는 역할을 수행하며, PMO가 적정 수준의 프로젝트 통제 권한을 가지고 있다. 장점으로는 조직 내 프로젝트관리 일관성을 확보할 수 있으나, 조직이 경직될 수 있는 단점이 있다.
- **지시형**(Directive PMO): 프로젝트 관리자를 직접 배치하여 프로젝트 실행에 직접 관여하도록 하여 강력한 권한과 책임을 가지고 있다. 장점으로는 프로젝트 성공률을 제고하고 빠른 의사결정이 가능하나, 단점으로는 조직 차원에서 자원 운영의 유연성이 떨어질 가능성이 있다.

■ **프로젝트관리**(Project Management): 프로젝트 관리란 프로젝트 목표(일정, 예산, 기술성능)를 달성하기 위한 관리 활동으로써, 프로젝트의 요구사항을 충족시키기 위해 지식, 기술, 도구 및 기법 등을 프로젝트 활동에 적용하는 것(The application of knowledge, skills, tools, and techniques to project activities to meet the project requirements) 이라고 PMBOK에서 정의하고 있다. 국제 표준화 기구(ISO)에서는 PMBOK, PRINCE2 등 기존 프로젝트관리 지식체계를 참조하여 2012년에 ISO21500 (Guidance on Project Management)을 제정하였고, 이후 2021년에 ISO21502(Project, Program and Portfolio Management)로 대체되어 보다 구체적이고 실무적인 지침으로 발전하였다.

프로젝트 관리자(PM)의 역할은 업무 지시 및 동기부여(Directing & Motivating), 계획수립(Planning), 관리와 감독(Administering/Supervising), 협력과 조율(Interfacing & Coordinating), 교육/지도(Training/Counseling), 갈등 해결(Resolving Conflicts) 등이다. 엔지니어 업무를 수행하다가 어느 정도의 직급으로 올라가면 프로젝트관리에 대한 전문 교육 없이 바로 PM 역할을 수행하는 경우를 현장에서 흔히 보게 된다.

프로젝트 관리업무는 관련 도메인의 엔지니어링 기술 역량도 필요하지만, 무엇보다도 프로젝트 관리 요소에 대한 전문 지식이 요구되기 때문에 교육 등을 통해 관련된 전문적 역량 확보가 필요하다.

프로젝트 관리에는 다음과 같은 10개의 업무 영역이 있다.

- 범위 관리(Scope Management): 프로젝트의 목표와 필요한 작업을 정의하고 관리
- 일정 관리(Schedule Management): 프로젝트 일정을 계획하고 관리
- 원가 관리(Cost Management): 예산을 수립하고 관리
- 품질 관리(Quality Management): 프로젝트의 결과물이 품질 기준을 충족하도록 보장
- 자원 관리(Resource Management): 필요한 자원(인력, 장비, 재료 등)을 계획하고 관리
- 의사소통 관리(Communication Management): 프로젝트 관련 정보의 효율적인 전달
- 리스크 관리(Risk Management): 프로젝트의 리스크 요소를 식별하고 대응 조치
- 조달 관리(Procure Management): 외부로부터 필요한 자원을 조달하고 관리
- 이해관계자 관리(Stakeholder Management): 프로젝트에 영향을 미치는 모든 이해관계자를 식별하고 관리
- 통합 관리(Integration Management): 프로젝트 계획을 수립하고 프로젝트 진행 상태를 모니터링하고 변경 관리

### 2.1.2 프로젝트 조직 구조

프로젝트 조직 구조에는 일반적으로 기능형 조직(Functional Org.), 매트릭스 조직(Matrix Org.) 프로젝트 중심 조직(Project-centric Org.) 의 3가지 유형이 있다. 유형별 특징을 참고하여 프로젝트 외부의 환경과 내부 조직의 구조, 상황(전문 역량, 실행 효율성, 조직의 물리적 위치 등) 및 기업문화를 고려하여 적절한 프로젝트 조직 구성이 필요하다.

■ **기능적 조직(Functional Organization)**: 프로젝트는 각 부서 내에서 처리되고, 프로젝트 관리자(PM)의 권한은 거의 없으며 기능 부서장이 프로젝트 예산을 관리한다.

- **장점**: 기능별 전문성 확보가 용이하고 부서 내 효율적 자원 활용과 명확한 지휘·보고 체계

| Organization Structure / Project Characteristics | Functional | Matrix | | | Projectized |
|---|---|---|---|---|---|
| | | Weak Matrix | Balanced Matrix | Strong Matrix | |
| Project Manager's Authority | Little or None | Low | Low to Moderate | Moderate to High | High to Almost Total |
| Resource Availability | Little or None | Low | Low to Moderate | Moderate to High | High to Almost Total |
| Who manages the project budget | Functional Manager | Functional Manager | Mixed | Project Manager | Project Manager |
| Project Manager's Role | Part-time | Part-time | Full-time | Full-time | Full-time |
| Project Management Administrative Staff | Part-time | Part-time | Part-time | Full-time | Full-time |

그림 2.2 프로젝트 조직 구조

- **단점**: 프로젝트 간 조정 어렵고, PM 권한이 약해서 일정과 자원 조율 어려우며, 부서 간 사일로(Silo) 현상 발생(부서 간 책임 분산, 경쟁과 갈등유발, 부서 관점의 편협된 의사결정, 고객 대응력 저하 등)

■ **매트릭스 조직**(Matrix Organization): 기능형 조직과 프로젝트 중심 조직의 혼합 형태 구조이며, 약한 매트릭스(Weak Matrix), 균형 매트릭스(Balanced Matrix), 강한 매트릭스(Strong Matrix) 구조로 구분한다. 약한 매트릭스 구조는 기능형 구조의 특징에 가깝고 강한 메트릭스 구조는 프로젝트 중심 조직에 가깝다. 프로젝트 팀원은 기능부서 관리자와 프로젝트 관리자 양쪽에 보고하고 자원(사람, 예산, 시간)을 프로젝트 간 공유 가능하다.

- **장점**: 기능부서의 전문성과 프로젝트 집중력 확보와 유연성 있는 자원 활용
- **단점**: 이원화 보고 체계로 권한 충돌 가능으로 이해관계자 간 갈등 관리 필요

■ **프로젝트 중심 조직**(Project-centric Organization): 프로젝트 중심으로 운영되는 조직구조이다. 프로젝트 관리자가 자원, 예산, 일정 등에 대한 모든 권한을 보유하고, 팀원은 프로젝트 기간동안 전적으로 프로젝트에 소속되며, 프로젝트 종료 후에는 해체되거나 새로운 프로젝트로 재배치된다.

- **장점**: 프로젝트 관리자 권한이 명확(단순한 의사소통/보고 체계, 신속한 의사결정)하고 프로젝트 목표 집중도가 높음
- **단점**: 프로젝트 종료 후 인력 재배치 문제와 조직 전체 차원에서는 자원의 비효율 발생 가능성이 있음(다른 프로젝트와 공유 어려움)

### 2.1.3 프로젝트관리 영역과 프로세스

PMBOK에서는 프로젝트관리 영역을 범위관리, 일정관리, 원가관리, 자원관리, 조달관리, 리스크관리, 품질관리, 이해관계자관리, 의사소통관리 및 통합관리 등 10개의 영역으로 정의하고 있다. 즉, 프로젝트를 관리한다는 것은 이러한 10개의 영역에 대해 관리해야 한다는 의미이다. 프로젝트관리의 각 영역별 프로세스에 대한 상세 내용은 〈2.2〉에서 다룬다.

프로젝트관리는 착수(Initiating), 계획수립(Planning), 실행(Executing), 모니터링 및 통제(Monitoring & Controlling), 종료(Closing)의 5개의 프로세스 그룹으로 나눠지며, 전체 49개 프로세스 중에서 계획수립(Planning) 프로세스 그룹의 프로세스가 24개(약 50%)로 가장 많다. 그만큼 성공적 프로젝트 완료를 위해서는 프로젝트 계획수립이 매우 중요하다는 의미로 이해할 수 있다.

프로젝트관리 계획서는 프로젝트 실행과 조정, 통제 및 예측하는데 매우 중요한 기준 문서(베이스라인)이다. 프로젝트관리 계획서는 프로젝트 수행 과정에서 프로젝트의 정보가 구체화 되거나 계획 요소의 변경에 따라 지속적으로 업데이트하여 계획 정보가 현행화 되도록 해야 한다.

프로젝트관리 계획서는 특정 시점의 한 번에 작성되지는 않는다. 프로젝트를 성공적으로 완수하기 위해 관리되어야 하는 요소들은 개별적인 목적으로 그 필요성이 요구되지만, 각각의 프로젝트관리 요소들의 활동은 서로 깊은 연관성과 밀접한 관계성이 있다.

그림 2.5는 프로젝트관리 계획서 작성을 위해 대상 시스템의 이해관계자 식별부터 범위 정의, 일정, 예산 등의 제반 프로젝트 계획 요소를 식별하고 그들 간의 순서 흐름을 도식화 한 내용이다. 제반 계획 요소 모두를 프로젝트관리 계획서에 포함하여 작성할 수 있으나, 일부 계획 요소(예: 형상관리 계획, 품질보증 계획 등)는 필요에 따라서 별도로 작성되기도 한다.

**Integration Management**
- Develop Project Charter
- Develop Project Management Plan
- Direct & Manage Project Work
- Manage Project Knowledge
- Monitor & Control Project Work
- Perform Integrated Change Control
- Close Project or Phase

**Scope Management**
- Plan Scope Management
- Collect Requirements
- Define Scope
- Create WBS
- Validate Scope
- Control Scope

**Schedule Management**
- Plan Schedule Management
- Define Activities
- Sequence Activities
- Estimate Activity Duration
- Develop Schedule
- Control Schedule

**Cost Management**
- Plan Cost Management
- Estimate Costs
- Determine Budget
- Control Costs

**Quality Management**
- Plan Quality Management
- Manage Quality
- Control Quality

**Resource Management**
- Plan Resource Management
- Estimate Activity Resource
- Acquire Resource
- Develop Team
- Manage Team
- Control Resource

**Communication Management**
- Plan Communications Management
- Manage Communication
- Control Communication

**Risk Management**
- Plan Risk Management
- Identify Risks
- Perform Qualitative Risk Analysis
- Perform Quantitative Risk Analysis
- Plan Risk Responses
- Implement Risk Responses
- Monitor Risks

**Procurement Management**
- Plan Procurements
- Conduct Procurements
- Control Procurements

**Stakeholder Management**
- Identify Stakeholders
- Plan Stakeholder Engagement
- Manage Stakeholder Engagement
- Monitor Stakeholder Engagement

그림 2.3 프로젝트관리 영역과 프로세스

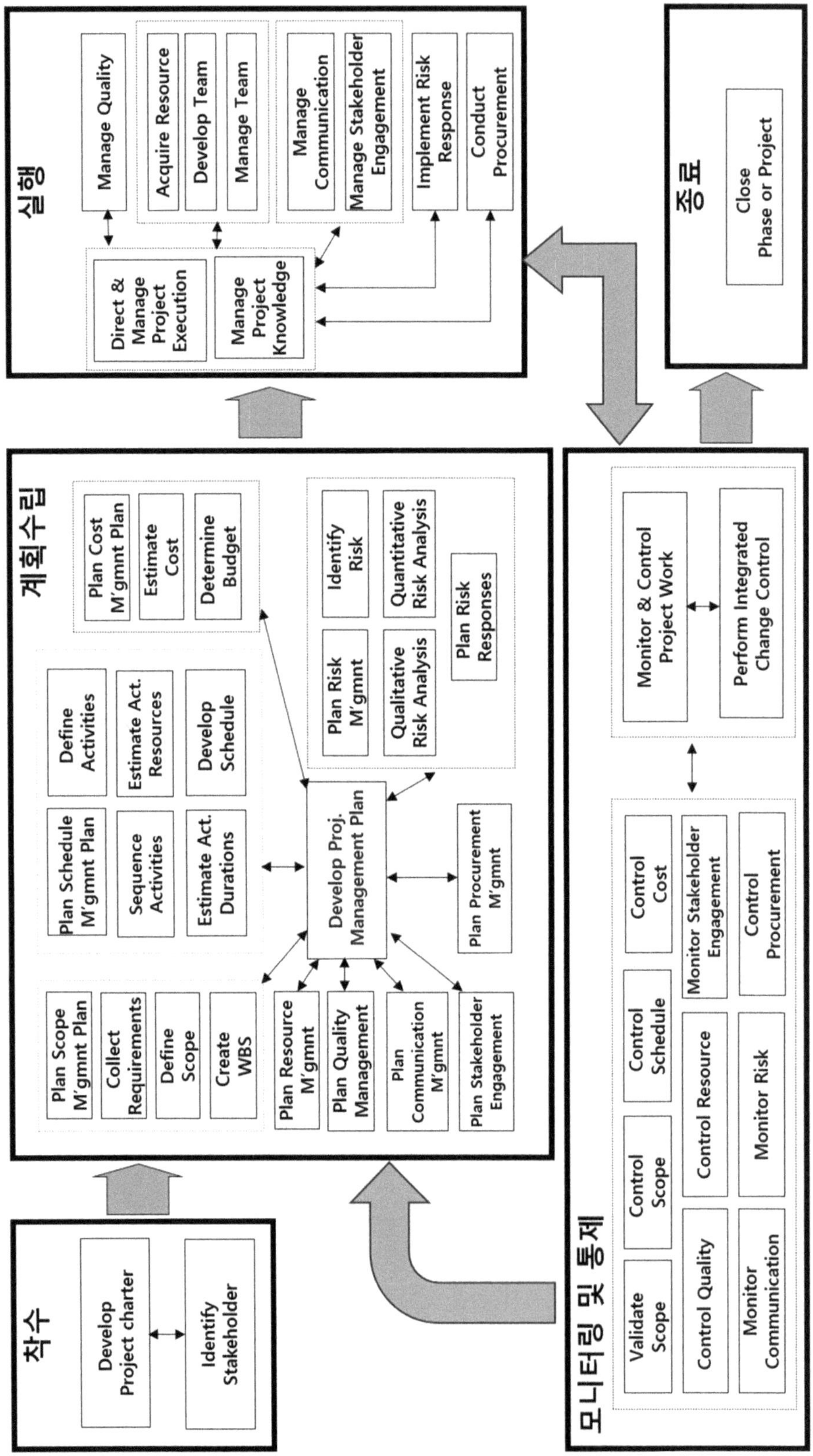


그림 2.4 프로젝트관리 프로세스 그룹별 프로세스

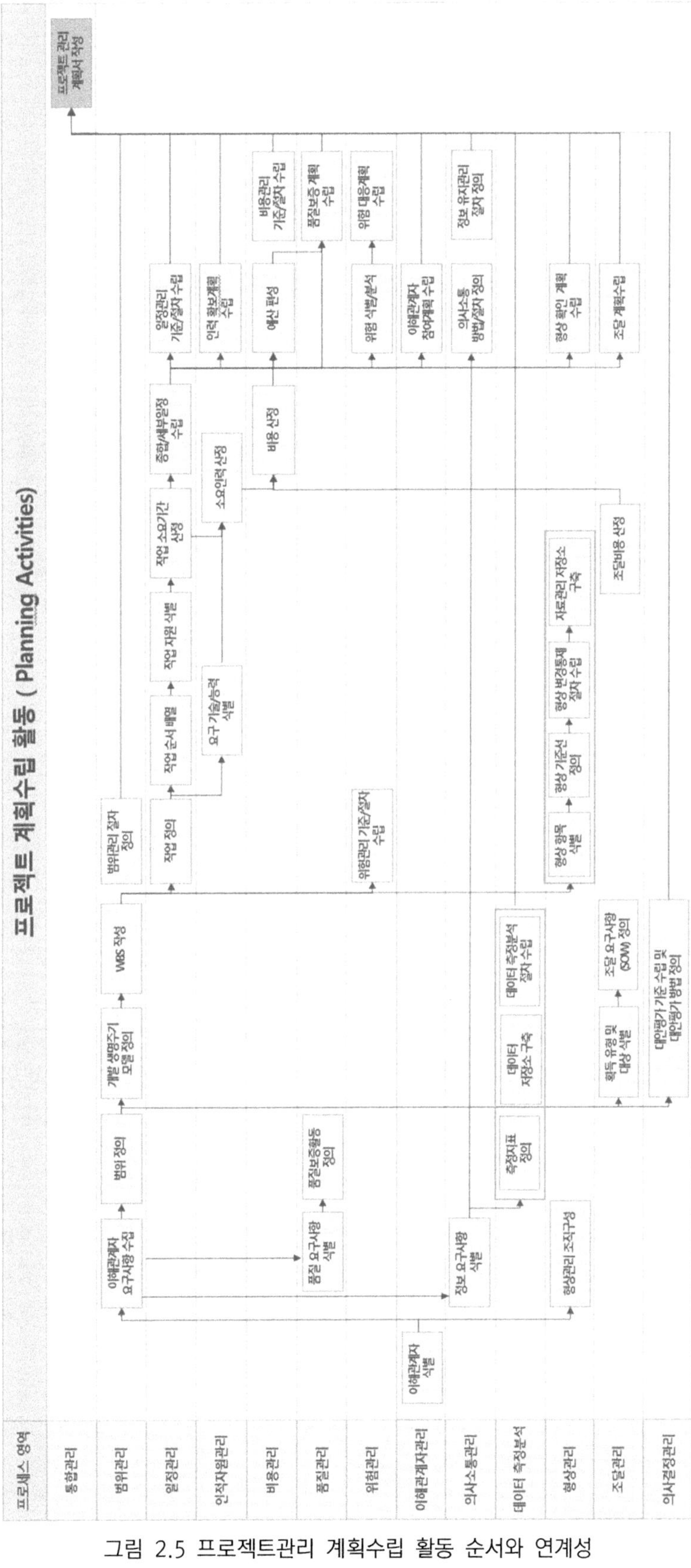


그림 2.5 프로젝트관리 계획수립 활동 순서와 연계성

# 2.2 프로젝트관리 실무 가이드

## 2.2.1 통합 관리(Integration Management)

- **목적**: 다양한 프로젝트관리 프로세스와 프로젝트관리 활동들을 식별, 정의, 결합, 통합 및 조정하는 것

- **수행 활동**
  - 프로젝트 헌장(Charter) 작성: 공식적 프로젝트 승인과 PM에게 권한을 부여하는 문서(예: 프로젝트 품의서) 작성
  - 프로젝트관리 계획서 작성: 통합된 프로젝트관리 계획서 작성
  - 프로젝트 작업 지시 및 관리: 프로젝트관리 계획서에 정의된 작업 지도 및 수행, 승인된 변경 이행
  - 프로젝트 지식관리: 프로젝트 목표 달성과 조직학습을 위한 지식 개발 및 활용
  - 프로젝트 작업 감시 및 통제: 프로젝트 진행 상황 추적, 검토, 보고
  - 통합 변경 통제: 변경 요청 사항 검토, 승인, 공유 등 프로젝트 변경 관리
  - 프로젝트(또는 프로젝트 단계) 종료: 프로젝트, 단계, 계약 활동 종료

- **주요 산출물**: 프로젝트 헌장, 프로젝트관리 계획서, 작업산출물, 프로젝트 성과 측정 결과 및 프로젝트 현황 보고서, 이슈 현황, 프로젝트 변경요청서 및 처리 현황, 프로젝트 교훈(Lessons Learned), 프로젝트 종료보고서, 프로젝트 자산(Asset) 등

- **실무 가이드**
  - **프로젝트 헌장(Charter)**: 일반적으로 프로젝트 승인서 또는 품의서 형태로 작성되며, 주요 내용에는 비즈니스 케이스, 프로젝트 명/코드, 목적, 개요와 범위, 마일스톤 일정, 리스크, 프로젝트 예산(예상/목표 원가), 대금 지급 조건, 이해관계자, 프로젝트 스폰서 및 프로젝트 관리자, 특이 사항 등을 포함한다.

  - **프로젝트관리 계획서 작성**: 프로젝트 수행 및 관리에 대한 계획과 절차를 기술한 프로젝트 실행의 기준 문서이다. 프로젝트 착수 시점에 작성하여 프로젝트 참여자의 검토와 프로젝트 스폰서의 승인을 득해서 공식적으로 발효되며 프로젝트 기간 중 변경 사항은 지속적으로 업데이트 된다.

- **프로젝트 성과 측정 데이터**(Performance Measurement): '측정할 수 없으면 관리할 수 없다'라는 말이 있다. 프로젝트 진행 성과를 나타내는 지표에 대해 주기적으로 데이터를 측정 분석하여 프로젝트 상태의 모니터링과 미래를 예측하며, 필요시 적시에 의사결정을 통해 성공적 프로젝트 목표 달성을 보장하도록 한다.
  주요 측정 지표에는 일정진척율, 예산집행율, 범위(요구사항)변경율, 설계변경율, 결함발생율, 제품의 주요 기술성능지표(예시: 무게, 속도 등) 등이 될 수 있다. 이러한 측정 지표에 대한 상세 내용(측정목적, 수집데이터, 측정산식, 측정주기, 관리목표 등)은 일반적으로 프로젝트관리 계획서 내에 포함한다.

- **프로젝트 교훈**(Lessons Learned): 프로젝트 수행 과정에서 좋았던 점(성공)과 아쉬웠던 점(실패)에 대해 기록하여 미래 조직의 다른 프로젝트 수행에 참조하기 위함이다. 프로젝트 수행 경험은 영업, 프로젝트관리, 개발, 품질, 구매, 협력업체 등 여러 업무 영역 부서에서 프로젝트 종료 시점이나 주요 마일스톤 시점에 작성하여 공유한다. 프로젝트 교훈 작성은 해당 업무 수행 부서(담당자)에서 작성하여 프로젝트 완료 보고서나 워크샵 등을 통해 공유하고 조직의 자산으로 저장하여 관리한다.

- **프로젝트 자산화**(Asset): 프로젝트 자산은 프로젝트를 통해 생성된 기술, 성과 데이터, 작업산출물 등을 말한다. 프로젝트 종료 후 또는 프로젝트 주요 단계 말에 프로젝트 작업산출물을 현행화 정리(Archive)하여 조직의 기술 자산으로 관리한다. 시스템이 미흡한 중소기업에서는 사람이 나가면 기술도 같이 나가는 경우를 흔히 볼 수 있다. 이는 프로젝트 수행 결과의 작업산출물이 조직 차원에서 작성, 관리되지 않고 실무자 개인이 관리하기 때문에 조직 자산으로 제대로 축적, 관리되지 않기 때문이다.

### 2.2.2 범위 관리 (Scope Management)

- **목적**: 프로젝트를 성공적으로 완료하기 위해 필요한, 그리고 필요하지 않은 작업(work)을 정의하고 통제하는 것(All the work required, and Only the work required)

- **수행 활동**

  - 범위 관리 계획수립: 프로젝트 및 제품 범위를 정의하고 확인, 통제하기 위한 범

위 관리 계획서 작성
- 범위 정의: 프로젝트 및 제품에 대한 상세 범위 기술서 작성
- 요구사항 수집: 프로젝트 목표 달성에 필요한 이해관계자 요구사항 수집 및 문서화
- 작업분할구조도(WBS) 작성: 프로젝트 인도물 및 작업의 세분화
- 범위 확인: 완료된 프로젝트 인도물의 인수 공식화
- 범위 통제: 프로젝트 및 제품의 상태 모니터링, 범위 변경 관리

- **주요 산출물**: 범위 관리 계획서, 범위 기술서, 작업분할구조도(WBS), 요구사항 정의서, 요구사항 추적 메트릭스, 범위/요구사항 변경이력, 인도물(Deliverables) 등

- **실무 가이드**
  - **프로젝트 범위** Vs. **제품 범위**: **프로젝트 범위**(Project Scope)는 지정된 특성과 기능을 갖춘 제품, 서비스 및 결과물을 제공하기 위해 수행하는 작업을 말하며. **제품 범위**(Product Scope)는 제공하는 제품 및 서비스의 특성과 기능을 말한다. 제품의 범위는 PBS(Product Breakdown Structure, 제품분할구조도)를 통해 제품을 분할하여 정의하고, 하부 제품에 대한 기능 및 비 기능의 특성을 요구사항 정의서로 문서화한다. 프로젝트의 범위는 WBS(Work Breakdown Structure, 작업분할구조도)와 범위 기술서로 작성한다. 범위 기술서에는 프로젝트 목표와 범위, 인도물 및 인수기준, 프로젝트 가정 및 제약사항 등을 포함된다. 순수 소프트웨어가 아니고 하드웨어 제품 중심의 프로젝트 현장에서는 PBS를 WBS로 인식하고 혼용하는 경우를 자주 보게 되는데 이는 잘못 이해한 것이다. WBS는 제공해야 할 제품(Product)을 만들기 위해 수행해야 할 작업(Work)을 정의한 것이다. WBS에는 PBS를 포함하여 작성하기도 하고 WBS와 PBS를 별도로 작성하기도 한다.

  - **작업분할구조도(Work Breakdown Structure, WBS)**: WBS는 프로젝트 목표를 달성하고 인도물(Deliverables)을 생산하기 위해 수행해야 할 작업(일) 범위 전체를 계층적으로 분할한 구조도를 말한다.

    WBS는 프로젝트의 범위와 특성을 고려하여 관리 가능한 수준(3~5 Level)까지 분할하며(프로젝트 기간과 규모를 고려하여 작업 소요기간이 2주~4주가 넘지 않을 때까지 분할 할 것을 권장), WBS의 최하위 레벨의 작업(work package)에는 시작과 종료일자, 담당자 및 작업산출물을 지정한다.

    WBS 작성시, MECE 원칙을 적용하는 것이 좋다. **MECE**(Mutually Exclusive,

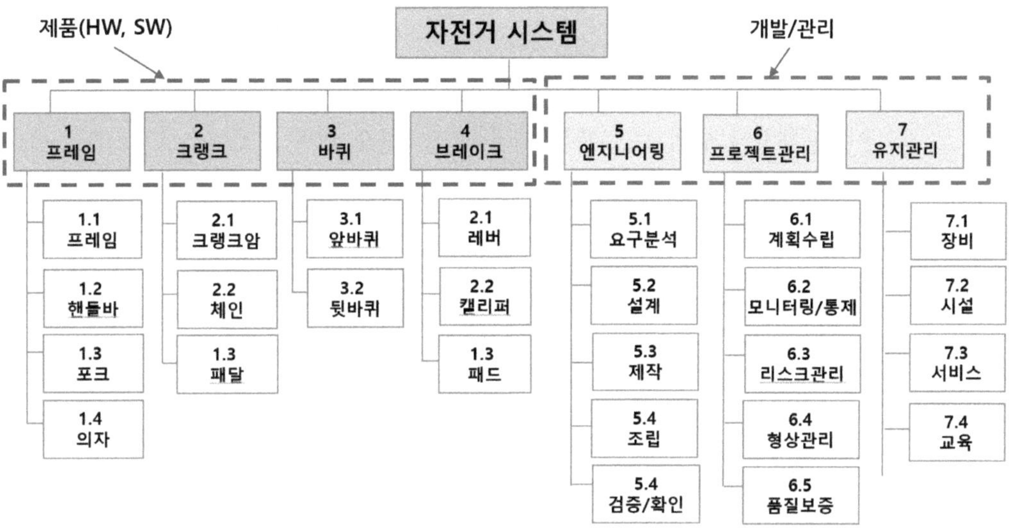


그림 2.6 WBS(작업분할구조도) 예시

Collectively Exhaustive)는 분류된 작업 항목 간 서로 중복이 없이 상호 배타적(Mutually Exclusive)이면서 동시에 분류한 항목이 빠짐없이 전체를 모두 포함(Collectively Exhaustive)한다는 원칙이다. 즉, 작업(Work)을 중복 없이(배타적) 빠짐없이(포괄적) 정의하여 프로젝트 범위를 WBS로 구조화한다는 것이다. 예를 들어 사람을 황인종, 흑인종, 백인종 분류한다면 이는 상호 배타적(Mutually Exclusive)이나 사람 전체를 포함(Collectively Exhaustive)했다고는 말할 수 없다. 그래서 사람을 남성과 여성으로 분류하면 "ME"와 "CE" 모두를 만족하게 된다.

- **범위 누수(Scope Creep)**: Scope Creep(범위 누수)은 프로젝트 실행 도중, 처음 합의한 범위(scope) 이상으로 요구사항이나 기능이 점진적으로 추가 또는 변경되는 현상을 말한다. Scope Creep의 현상은 일반적으로 다음과 같은 원인에 의해 발생한다.
  - ▷ 요구사항 불명확: 초기 요구사항 정의가 모호하거나 불완전한 경우
  - ▷ 이해관계자 요구 변화: 고객, 사용자, 경영진이 중간에 계속 새로운 요구 추가
  - ▷ 변경 관리 부재: 변경 요청 사항을 검토, 승인하는 프로세스(형상관리 프로세스)의 부재
  - ▷ 커뮤니케이션 부족: 팀과 이해관계자 간 정보 공유 미흡

▷ 과도한 고객 친화적 태도: 프로젝트 관리자가 공식 절차 없이 고객의 요청을 수용
이러한 Scope Creep은 프로젝트의 일정 지연, 비용 증가, 품질 저하, 프로젝트 팀 사기 저하 및 혼란 등의 영향을 초래한다. 따라서 명확한 범위(요구사항) 정의와 이해관계자의 합의, 프로젝트의 공식적인 변경 관리 프로세스 (형상변경 심의 위원회 운영) 정립이 필요하다.

- **요구사항(Requirements)**: 요구사항에 대한 상세한 내용은 Chapter 3 시스템 요구 분석 프로세스에서 다룬다.

## 2.2.3 일정 관리(Schedule Management)

- **목적**: 프로젝트를 계획된 일정에 완료하도록 관리하는 것

- **수행 활동**
  - 일정 관리 계획수립: 프로젝트 일정 관리 방법에 대한 지침과 절차 수립
  - 수행 활동(Activity) 정의: 프로젝트 작업산출물을 생산하기 위해 수행해야 할 관련 업무 활동을 식별하고 문서화
  - 수행 활동 순서 배열: 수행 활동 간의 선·후행 관계 식별
  - 수행 활동 소요 기간 산정: 산정된 자원, 관련 기술 보유 수준, 제약사항 등을 기반으로 개별 수행 활동의 소요 기간(Duration) 산정
  - 프로젝트 일정 개발: 개별 수행 활동의 소요 기간 산정치를 기반으로 프로젝트 일정계획 수립
  - 프로젝트 일정 통제: 프로젝트 진행 상태 감시 및 계획 대비 일정 진척 관리, 일정 업데이트

- **주요 산출물**: 일정 관리 계획서, 마일스톤 목록, 작업 수행 활동 목록, 일정 계획표 등

- **실무 가이드**
  - **작업 수행 활동(Activity)**: 앞서 범위 관리에서 프로젝트 작업 범위를 분할한 WBS의 최하위 단위를 워크 패키지(Work Package)라고 정의했다. 수행 활동은 WBS 즉, 워크 패키지를 분할한 것을 말한다. 다시 말해 작업 수행 활동은 워크 패키지의 작업산출물을 생성하기 위해서 수행하는 일련의 작업들을 말한다.

- **점진적 계획**(Rolling Wave Planning): 가까운 미래 작업은 구체적이고 상세하게 계획하고, 멀리 있는 미래 작업은 개략적인 상위 수준에서만 계획해 두었다가, 시점이 다가오면 점차 상세화하는 방법이다. 프로젝트의 초기 단계에서 전체 내용을 세부적으로 한꺼번에 계획하는 것은 불확실성으로 현실적 어려움이 따른다. 비록 계획한다고 하더라도 계획 내용의 정확성과 신뢰성은 낮을 것이다, 그래서 프로젝트 일정의흐름에 따라 일정한 주기(주요단계) 마다 점진적으로 상세한 계획을 세워 나간다. 점진적 계획법은 WBS를 개발할 때도 적용된다.
  프로젝트 초기에서는 WBS를 상위 수준에서 작성하고 프로젝트가 진행되어 감에 따라 좀 더 하위 수준으로 분할하여 세분화한다.

- **수행 활동 소요 기간 산정**(Duration Estimating): 프로젝트 기간을 수립하기 위해서는 각 수행 활동에 대한 소요 기간을 먼저 산정해야 한다. 개별 수행 활동의 소요 기간을 모두 합하면 프로젝트 전체 기간이 되는 것은 아니다. 왜냐하면 개별 수행 활동 간의 의존성 관계에 따라 선·후행 수행 활동과 병행 수행 활동이 존재하기 때문이다. 수행 활동의 소요 기간 산정은 유사 프로젝트 수행 경험과 선례 데이터를 기반으로 수행되는 것이 일반적이나, 유사 프로젝트 사례 데이터가 없고 불확실성이 높은 프로젝트의 경우에는 3점 산정 기법(3 Point Estimating)을 활용하면 산정치의 정확성을 높일 수 있다.
  ▷ 3점 산정 기법(Program Evaluation & Review Technique; PERT)
  ·낙관치(Optimistic; O): 최상의 조건에서 수행 활동이 완료될 수 있는 최소 시간
  ·최빈치(Most Likely; M): 가용자원, 생산성, 다른 요소와의 의존성 등을 고려한 가장 현실적이고 가능성이 높은 시간
  ·비관치(Pessimistic; P): 최악의 조건에서 수행 활동이 완료될 수 있는 최대 시간
  ·기대 산정치: (O + 4M + P) / 6
  ·표준 편차: P-O /6

- **프로젝트 일정 개발**: 프로젝트 현장에서 작업 범위(WBS)와 추진 일정을 따로따로 관리하는 것을 종종 보게 되는데, 프로젝트 일정계획에는 마일스톤을 식별하고 WBS와 연계되도록 작성하는 것이 바람직하다.
  프로젝트 일정은 총괄 일정계획(Master Schedule)과 상세 일정계획(Detail Schedule)으로 수립한다, 총괄 일정계획에는 프로젝트 수행계획서에 포함하고, 상세 일정계획은 MS엑셀도구 등 프로젝트관리 지원 도구 활용을 통해 별도로 작성해서 주기

적으로 일정 변경과 진척율을 업데이트할 수 있도록 하는 것이 좋다.
상세 일정계획에는 업무유형별 객관적인 일정 진척율(%) 측정 기준을 명확히 정의할 필요가 있다. 일반적으로 일정 진척율 측정 기준에는 주관적 설정 기준(객관성과 신뢰성이 낮은 관계로 권장하지 않음), 마일스톤 달성 기준, 임의적 설정 기준(예: 업무착수 50%, 산출물 초안 검토 70%, 산출물 최종 검토 80%, 보고/승인 100%), 생산비율(건) 기준(예: 30/100(30%)). 비례적 설정 기준 등이 있다.
프로젝트 일정을 개발할 때는 다음 내용을 고려해야 한다.

▷ 개발 수명주기: 프로젝트의 특성에 적합한 수명주기 모델(목포수 모델, 프로토타입 모델, 나선형 모델 등)의 결정하고 프로젝트 특성에 따라 개발단계와 수행 활동 및 작업산출물을 정의한다.

▷ 소요 기술 및 지식과 자원의 가용성: 프로젝트에서 요구되는 기술과 지식을 식별하고 그에 따른 인적/물적자원의 역량과 가용성을 파악한다. 특히, 희소성 자원은 프로젝트에서 요구하는 시기에 활용이 어려울 수도 있으니 관련 부서와 긴밀한 협의가 필요하다.

▷ 수행활동 간의 선·후행관계: 프로젝트의 수행 활동은 수행 활동 간의 의존성에 따라 4가지 논리적 관계가 있으며, 이는 프로젝트 일정 개발에 매우 중요하게 고려해야 할 사항이다. 4가지 논리적 관계는 다음과 같다.

·선행 활동이 종료(Finish)되면 후행 활동이 바로 시작(Start)되는 관계(FS 관계)
·선행 활동이 종료(Finish)되면 후행 활동도 동시에 종료(Finish)되는 관계(FF 관계)
·선행 활동이 시작되면(Start) 후행 활동도 동시에 시작되는(Start) 관계(SS 관계)
·선행 활동이 착수되면(Start) 후행 활동은 종료되는(Finish) 관계(SF 관계)

수행 활동 간의 논리적 순서를 결정할 때는 다음 3가지 의존성 유형을 참고한다.
·의무적 의존성: 법적 또는 계약상 반드시 요구되거나 수행 활동의 성격상 내재된 필수적 의존관계
·임의적 의존성: 모범적 실무 사례에 근거하거나 특정한 순서가 요구되는 특수한 상황에 따라 설정되는 관계 (프로젝트 팀의 재량에 따라 논리적 순서 결정가능)
·외부적 의존성: 프로젝트 수행 활동과 프로젝트 범위 밖의 수행 활동 사이의 관계(예, 협력업체 납품 전에는 제품 통합 불가)

▷ 프로젝트 환경과 특성: 이해관계자의 복잡성, 관리적/기술적 불확실성(리스크), 제품 신규 개발성, 진행 상황 추적 및 보고 방식, 조직구조와 문화, 제약사항 등도 프로젝트 일정 개발 시 고려가 필요한 사항이다.

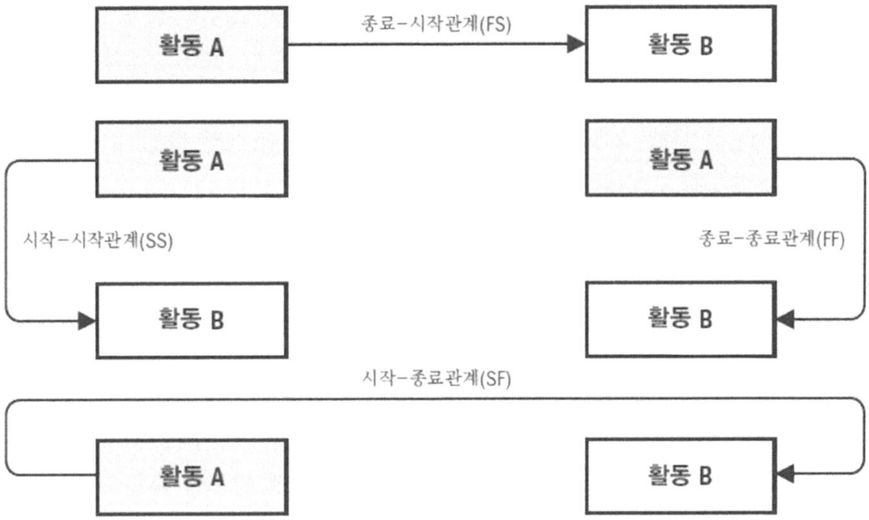


그림 2.7 수행 활동 간의 의존 관계성

- **주공정법**(Critical Path Method, CPM): WBS를 구성하는 작업 활동과 작업 활동 간의 의존관계(선후 관계)를 네트워크 다이어그램으로 표현하고, 그 중에서 가장 긴 소요 기간을 갖는 수행 활동의 경로(주공정, Critical Path)를 찾아내는 방법이다.
  주공정(Critical Path)은 프로젝트 완료 일정을 결정하는 가장 긴 경로이다. 주공정 상에 있는 수행 활동은 여유시간이 없다(여유시간(float/slack) = 0).
  주공정상에 놓여 있는 수행 활동들의 소요 기간 총합이 프로젝트 기간이 된다. 따라서 주공정 상의 수행 활동이 지연되면 프로젝트 전체 일정이 지연되기 때문에 프로젝트 관리자는 주공정 상에 놓여 있는 수행 활동의 진행 상태를 일정 리스크 관리 측면에서 주의 깊게 관리해야 한다. 그리고 프로젝트 일정 변경 시에는 주공정도 변경될 수 있으니 프로젝트 관리자는 이점을 유념해야 한다.
  그러면 주공정은 어떻게 식별하는가? 그것은 프로젝트 수행 활동들이 워낙 많기 때문에 수작업으로 식별하기는 현실적으로 어렵다. 그래서 프로젝트관리시스템(PMS)이나 도구(MS 프로젝트 등)를 활용해야 쉽게 식별하고 관리할 수 있다.
  아래 그림 2.9에서 주공정(Critical Path)은 활동A → 활동B → 활동C → 활동E가 되고 프로젝트 총 소요 기간은 17일 (2+5+3+7)이 된다.

- **주공급망법**(Critical Chain Method, CCM): 주공정법(CPM)을 보완하여 자원의 제약사항을 반영한 일정 관리 기법이다 (주공정법(CPM)은 투입자원을 고려하지 않

음). 주공급망법(CCM)은 해당 작업에 자원 배정을 고려해 실제 가능한 가장 긴 경로(Critical Chain)를 식별한다. 그림 2.8과 2.9에서 CPM 기법에 의한 프로젝트 총 기간은 17일이나, 각 수행 활동에 자원 배정을 반영하게 되면 프로젝트 총 기간은 19일이 된다. 이렇듯, 일정을 개발할 때는 작업(수행 활동)에 어떤 자원을 배정할 것인가를 고려해야 한다.

- **일정 단축 기법**: 프로젝트의 범위의 조정 없이 계획 대비 뒤처진 프로젝트 일정(Behind Schedule)을 만회하기 위한 방법에는 공정 압축(Crashing)과 공정 중첩(Fast Tracking)의 방법이 있다.
  - ▷ <u>공정 압축(Crashing)</u>: 자원을 보충하여 최소한의 추가 원가 투입으로 최대의 일정을 단축하는 기법이며, 원가 대비 효과가 높은 활동에 우선하여 자원을 투입한다. 가능하면 주공정(Ctitical Path)상의 수행 활동에 투입하면 프로젝트 일정 단축의 효과가 크다.
  - ▷ <u>공정 중첩(Fast Tracking)</u>: 순차적으로 진행되는 활동들을 일정 기간의 특정 시점에서 동시에 진행하는 기법이며, 재작업으로 인하여 기간이 증가될 위험성이 있다.

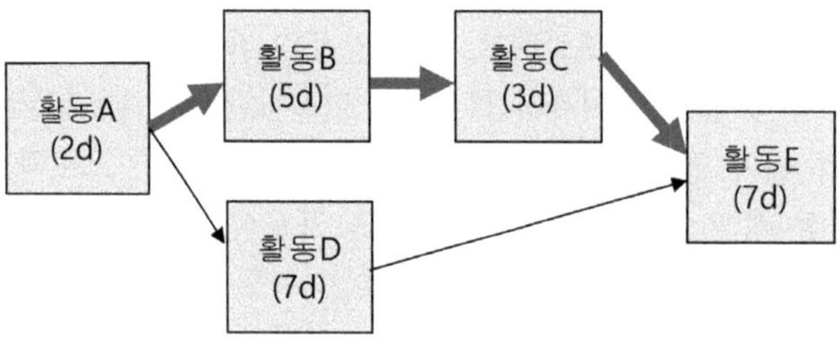


그림 2.8 주공정법(CPM)

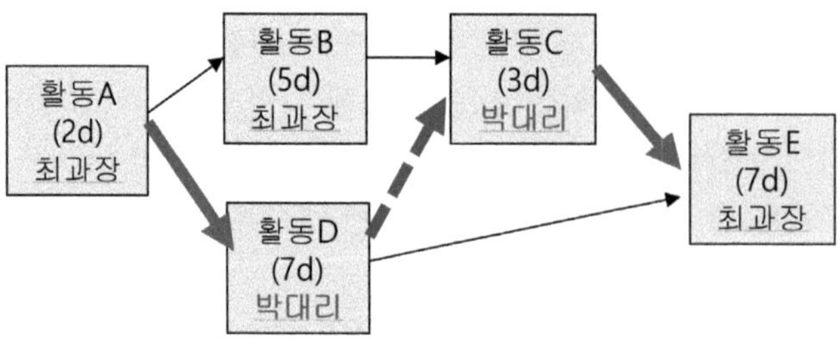


그림 2.9 주공급망법(CCM)

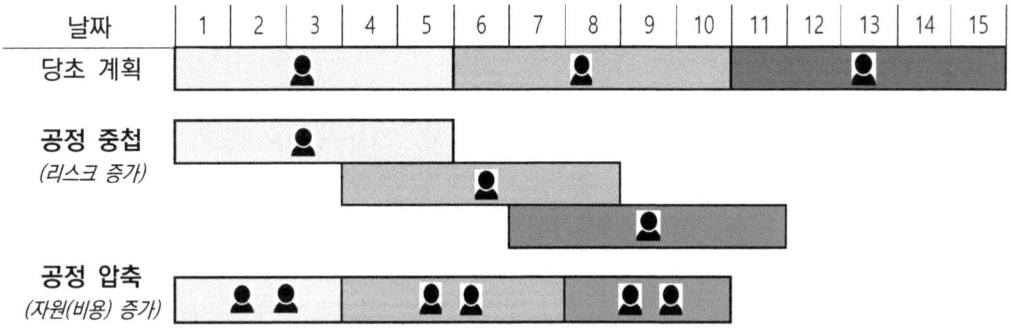


그림 2.10 프로젝트 일정 단축 기법

## 2.2.4 원가 관리(Cost Management)

- **목적**: 프로젝트 원가(Cost) 산정을 통해 예산(Budget)을 책정하고, 승인된 예산 범위에서 프로젝트를 완료할 수 있도록 원가를 통제 관리하는 것

- 수행 활동
  - 원가 관리 계획수립: 프로젝트 원가 산정, 예산 책정, 원가 관리 방법 정의
  - 원가 산정: 작업 완료에 필요한 금전적 자원의 근사치 추정
  - 예산 책정: 원가 산정 값을 기준으로 최종 승인된 예산(원가 기준선)
  - 원가 통제: 프로젝트 상태 감시, 프로젝트 원가 기준선 변경 관리

- **주요 산출물**: 원가 관리 계획서, 원가 산정치, 프로젝트 예산 및 실적, 작업성과 등

- 실무 가이드
  - **원가 산정**: 프로젝트 원가를 산정할 때는 아래와 같은 산정 기법을 활용할 수 있다.
    - ▷ 유사 산정: 조직에서 수행한 과거 유사 프로젝트의 특성 정보(프로젝트 범위. 원가, 예산, 기간 등)를 기준으로 현재 프로젝트의 원가를 산정한다.
    - ▷ 모수 산정: 선례 데이터와 관련한 통계적 데이터에 기반하여 산정한다.
    - ▷ 상향식 산정: 작업 구성 요소에 대해 산정하는 기법으로써, 워크 패키지 또는 WBS의 지정된 수준에서 구성 요소별로 원가를 산정한 후, WBS 상위 수준으로 합산해 나가면서 프로젝트 전체 원가를 산정한다.

- **획득 가치 관리(Earned Value Management, EVM)**: 프로젝트 예산과 일정의 비교 분석을 통해 프로젝트의 진행 상태(성과)를 판단하고 미래를 예측하는데 활용되는 과학적인 프로젝트 성과관리 기법으로써, 기성고 관리라고도 한다. 획득가치 관리(EVM)는 프로젝트의 진행 상황을 체계적으로 모니터링하여 예산 초과 및 일정 지연을 예방하며, 프로젝트가 계획대로 진행될 수 있도록 관리하는데 도움을 준다. EVM에 대한 주요 개념은 다음과 같다.
  - ▷ 계획 가치(Planned Value, PV): 특정 시점까지 계획된 작업의 예산 금액
  - ▷ 실제 비용(Actual Cost, AC): 특정 시점까지 실제로 지출된 비용 금액
  - ▷ 획득 가치(Earned Value, EV): 특정 시점까지 완료된 작업의 성과(완료된 작업의 성과를 계획된 비용으로 환산한 금액)
  - ▷ 원가 성과 지수(Cost Performance Index, CPI): CPI는 프로젝트의 원가 효율성을 나타내는 지표로써, CPI 값이 1보다 크면 계획보다 효율적으로 작업이 진행되고 있는 것이고, 1보다 작으면 계획 대비 예산 초과를 의미함 (CPI = EV/AC, CV = EV-AC)
  - ▷ 일정 성과 지수(Schedule Performance Index, SPI): SPI는 프로젝트의 일정 효율성을 나타내는 지표로써, SPI 값이 1보다 크면 계획 일정보다 앞서가고 있는 것이고, 1보다 작으면 일정 지연을 의미함 (SPI = EV/PV, SV = EV-PV)
  - ▷ 그림 2.12의 상황에서 7월 말 현재 기준에서 프로젝트 상태는 일정 단축(SPI 〉 1), 비용 초과(CPI 〈 1)이다.

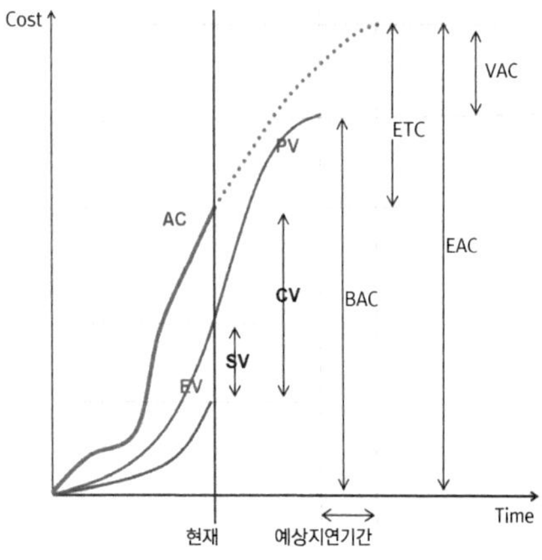


- PV(Planed Value): 계획된 업무의 양을 비용으로 변환(계획 비용)
- EV(Earned Value): 실제 완료된 업무 양(성과)를 계획된 비용으로 변환
- AC(Actual Cost): 실제 완료된 업무에 투입된 비용
- SV(Schedule Variance) = EV-PV: 일정차이(음수는 일정 지연)
- SPI(Schedule Performance Index) = EV/PV: 1미만은 일정 지연
- CV(Cost Variance) = EV-AC: 원가 차이 (음수는 예산초과)
- CPI(Cost Performance Index) = EV/AC: 1미만은 예산 초과
- BAC(Budget At Completed): 계획된 총 예산
- ETC(Estimate To Completion): 현 시점에서 향후 발생될 추정 비용
- EAC(Estimate At Completed): 현 시점에서 프로젝트 총 추정 비용
- VAC(Variance At Completion) = BAC-EAC: 완료시점에서의 원가 차이

그림 2.11 EVM(Earned Value Management)의 이해

현재

| 구분 | | 1월 | 2월 | 3월 | 4월 | 5월 | 6월 | 7월 | 8월 | 9월 | 10월 | 11월 | 12월 |
|---|---|---|---|---|---|---|---|---|---|---|---|---|---|
| Planed | 성과 | | | | | | | | | | | | |
| | Value | 10 | 20 | 30 | 40 | 50 | 60 | 70 | 80 | 90 | 100 | 110 | 120 |
| Actual | 성과 | | | | | | ... | | | | | | |
| | Cost | 7 | 15 | 20 | 35 | 55 | 70 | 85 | | | | | |
| Earned | 성과 | | | | | | ... | | | | | | |
| | Value | | | | | | ... | 80 | | | | | |

그림 2.12 EVM(Earned Value Management)의 예시

- 프로젝트 총 예산(Budget At Completed, BAC): 120
- 현재까지 계획된 비용(Plan Value, PV): 70
- 현재까지 지출 비용(Actual Cost, AC): 85
- 현재까지 획득 가치(Earned Value, EV): 80
  (EV: 현재까지 일의 성과 (Actual Performance)를 계획된 비용으로 변환)
- 일정 차이 (Schedule Variance) = 80(EV)-70(PV) = 10
- 일정성과 지수(Schedule Performance Index, SPI) = 80(EV)/70(PV) = 1.1
- 비용 차이 (Cost Variance) = 80(EV)-85(PV) = -5
- 비용성과 지수(Cost Performance Index, CPI) = 80(EV) / 85(AC) = 0.9

### 2.2.5 품질 관리(Quality Management)

- **목적**: 이해관계자의 목표를 달성하기 위해 조직의 품질정책을 반영하여 프로젝트 및 제품 품질 요구사항을 계획, 관리 및 통제하는 것

- **수행 활동**
  - 품질 관리 계획수립: 프로젝트 및 인도물에 대한 품질 요구사항과 표준을 식별하고 프로젝트가 품질 요구사항 및 표준에 부합함을 입증할 방법, 절차 및 계획수립

- 품질 관리: 조직의 품질정책을 반영한 품질 관리 계획서를 기준으로 품질 관련 활동 수행
- 품질 통제: 품질 관리 활동 감시 및 기록, 품질 평가, 프로젝트 산출물의 완전성, 정확성 및 고객의 기대 사항 충족 여부 확인, 프로젝트 인도물이 이해관계자 요구사항을 충족하는지 검증하고 제품의 완전성, 적합성 등을 확인

■ **주요 산출물**: 품질관리 계획서, 품질감사 결과서, 시험/검사결과서, 품질활동 보고서, 검증/확인된 인도물, 품질 측정분석 결과서 등

■ 실무 가이드

- **품질보증(QA) Vs. 품질통제(QC)**
  ▷ 품질보증(Quality Assurance, QA): 이해관계자의 요구사항을 충족시킬 수 있다는 확신을 제공하기 위해 프로세스와 작업산출물이 관련 표준 및 절차에 부합하는가를 평가하고 프로세스를 개선하는 일련의 활동 (품질감사, 프로세스 개선 등)
  ▷ 품질통제(Quality Control, QC): 최종제품의 기능성, 신뢰성, 사용성, 유지보수성, 안전성 등에 대한 적합 여부를 검증, 확인하는 일련의 활동(검사, 시험 등)

- **품질 관리 계획서 작성**: 품질 관리 계획서는 프로젝트의 품질 요구사항과 적용해야 할 표준을 기반으로 작성하여 프로젝트 관련자와 공유한다. 품질 관리 계획서에는 다음 내용을 포함한다.
  ▷ 프로젝트 품질 요구사항 및 표준
  ▷ 품질 목표
  ▷ 품질 관리 조직 및 역할과 책임
  ▷ 품질 관리 업무 계획 및 수행 절차 (품질감사, 검사/시험 등)
  ▷ 품질 지표 (예; 프로세스 준수율, 결함율 등)
  ▷ 품질 부적합 처리 절차
  ▷ 품질 현황 기록 및 보고 절차

- **품질 감사**: 프로젝트 수행 활동과 작업산출물이 조직 및 프로젝트의 품질정책 등 관련 기준에 부합하는가를 객관적으로 평가하고, 부적합 사항을 개선하는 활동이다. 품질감사는 주요 개발단계 말에 품질감사 체크리스트를 기반으로 프로젝트 조직과 독립적인 담당자가 실시한다.

- **품질 비용**: 실패 비용을 줄이기 위해 예방 비용과 평가 비용을 균형 있게 투자한다.
  - ▷ 예방 비용(Prevention Cost): 프로젝트 제품 및 서비스의 품질 저하 예방과 관련된 비용(교육, 프로세스 구축/개선 등)
  - ▷ 평가 비용(Appraisal Cost): 프로젝트 제품 및 서비스의 평가, 측정분석, 감사 및 테스트와 관련된 비용(검사, 테스트, 품질감사 등)
  - ▷ 실패 비용(Failure Cost): 프로젝트 제품 및 서비스에 대한 이해관계자의 요구 미충족(재작업, 불량 등)과 관련한 비용(내부실패비용, 외부실패비용)

### 2.2.6 리스크 관리(Risk Management)

- **목적**: 프로젝트 목표(범위, 일정, 예산, 품질) 달성을 위해 긍정적인 사건(기회요인)의 발생 확률과 미치는 영향도는 증가시키고, 부정적인 사건(위협요인)의 발생 확률과 영향도를 완화하는 것(* 본 장에서는 부정적 사건(위협)의 위주로 설명함)

- 수행 활동
  - 리스크관리 계획수립: 프로젝트 리스크 관리 기준 및 업무 절차 정의
  - 리스크 식별: 리스크 원천(source)과 리스크 식별, 리스크 특성 문서화
  - 리스크 분석 및 평가: 리스크의 발생확률 및 프로젝트 영향도 분석, 리스크 중요도 평가
  - 리스크 대응계획 수립: 리스크 대응 전략과 구체적인 처리 방안 수립
  - 리스크 대응계획 실행: 리스크 대응 계획의 실행
  - 리스크 모니터링: 리스크 대응계획 실행 상태 모니터링, 새로운 리스크 식별

- **주요 산출물**: 리스크관리 계획서, 리스크관리 대장(리스크 범주, 리스크 내용, 리스크 발생가능성, 프로젝트 영향도, 리스크 중요도, 리스크 대응계획 및 조치결과 등)

- 실무 가이드
  - **리스크와 이슈의 차이점**: 리스크(Risk)란, 미래에 발생할 수도 있고 발생하지 않을 수도 있는 불확실(Uncertainty)한 사건이나 이벤트를 말하며, 이슈(Issue)는 현재 사건이 발생되어 프로젝트에 영향을 초래하고 있는 사항을 말한다. 리스크는 선제적(Proactive) 활동이며, 이슈는 반응적(Reactive) 활동이다.

- **리스크 원천**(Source): 프로젝트 실현 정보가 많지 않은 프로젝트 초기에는 리스크(불확실성)가 많이 잠재해 있다. 따라서 조기(제안단계, 프로젝트 계획수립 및 착수단계, 요구분석 단계)에 리스크 식별 활동에 대한 노력을 집중해야 한다. 일반적으로 리스크 원천은 계약서(납기, 기술성능 요구사항 등), 프로젝트 계획서(프로젝트 조직 구성, 일정, 예산, 공수 등의 제약사항), 이해관계자(고객/사용자, 협력업체 등) 등이다.

- **리스크 범주**(Category): 리스크 범주는 일정, 비용, 기술성능, 품질 및 프로젝트 관리적인 측면으로 구분할 수 있으며, 리스크는 그림 2.13과 같이 대부분 여러 내용과 상호 연계되어 있기 때문에 관련 부서와 정기적으로 긴밀한 의사소통이 필요하다.

- **리스크 식별 및 모니터링**: 리스크는 프로젝트 수명주기 동안 지속적으로 식별, 모니터링해야 한다. 리스크 범주별 체크리스트를 작성하여 활용하면 리스크 식별에 많은 도움이 된다. 리스크의 상태(발생 확률 및 영향도)는 프로젝트가 진행되어 감에 따라 변화될 수도 있고, 수립된 리스크 대응 방안의 유효성이 떨어질 수도 있다. 따라서 주기적으로 리스크를 모니터링하고 또 다른 신규 또는 잔여 리스크를 식별, 관리한다.

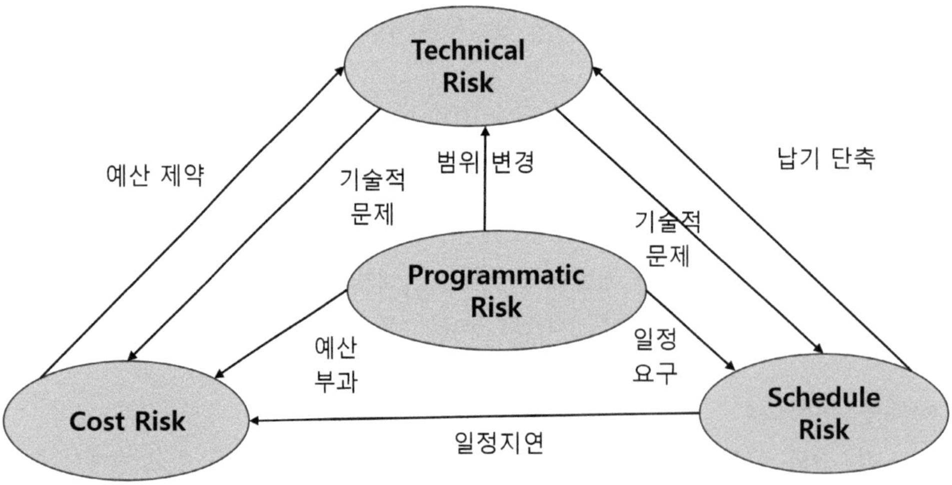


그림 2.13 리스크 범주

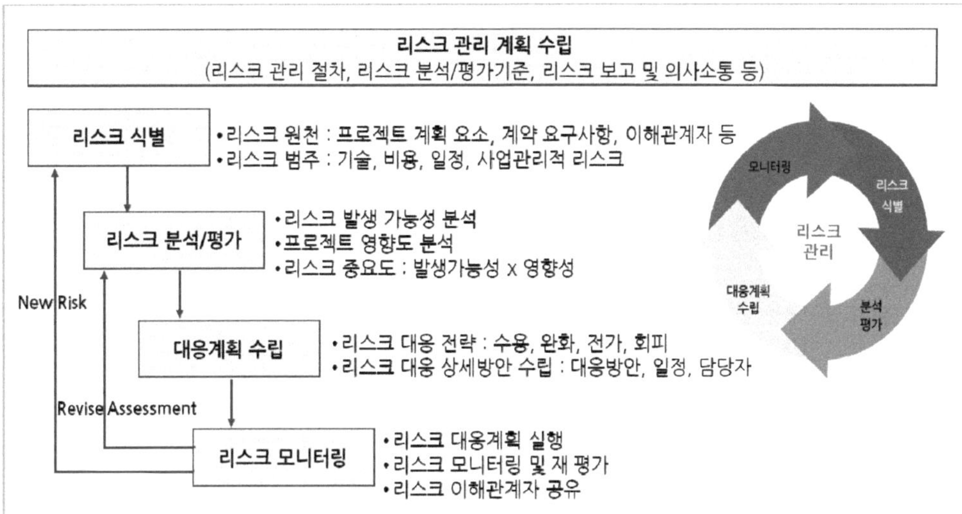


그림 2.14 리스크 관리 프로세스

| 수준 | 발생가능성 (Probability) | 프로젝트 영향도(Impact) | | |
|---|---|---|---|---|
| | | 일정(Schedule) | 비용(Cost) | 기술/성능(Quality) |
| 5 (매우높음) | 발생가능성 80%이상 | 6개월 이상 일정 지연 | 10%이상 비용 초과 | 요구사항 충족 불가 |
| 4 (높음) | 발생가능성 50~80%미만 | 3~6개월 미만 일정 지연 | 7~10% 미만 비용 초과 | 구성품 수준의 설계 변경 필요 |
| 3 (중간) | 발생가능성 20~50%미만 | 1~3개월 미만 일정 지연 | 5~7%미만 비용 초과 | 부품/인터페이스 설계 변경 필요 |
| 2 (낮음) | 발생가능성 10~20%이상 | 1개월 미만 일정 지연 | 5% 미만 비용 초과 | 단독 품목의 변경 필요 |
| 1 (매우낮음) | 발생가능성 10%이하 | 일정 지연 없음 | 비용 영향 없음 | 기술적 성능 영향 없음 |

| 리스크 중요도 = 발생가능성 x 영향도 | | | |
|---|---|---|---|
| 중요도 | 하(L) | 중(M) | 상(H) |
| 점수 | 1~4점 | 5~12점 | 13~25점 |

| 확률 \ 영향 (리스크 중요도) | 1 | 2 | 3 | 4 | 5 |
|---|---|---|---|---|---|
| 5 | M | M | H | H | H |
| 4 | L | M | M | H | H |
| 3 | L | M | M | M | H |
| 2 | L | L | M | M | M |
| 1 | L | L | L | L | M |

그림 2.15 리스크 분석 및 평가 기준(예시)

- **리스크 분석과 평가**: 리스크의 발생확률과 리스크 발생시, 프로젝트에 미치는 영향성을 분석하고 리스크의 중요도(도출도)를 평가한다. 리스크 발생확률과 프로젝트의 영향성은 정성적으로 분석하며, 조직이나 해당 프로젝트의 특성에 따라 그림 2.15 예시와 같이 정하면 된다. 리스크의 중요도(노출도) 평가는 리스크 발생 확률과 프로젝트 영향도를 기반으로 결정된다. 리스크 중요도(상, 중, 하)에 걸맞는 대응 전략과 계획을 수립하고 적절한 보고 절차도 정하면 된다.

- **리스크 대응 전략**
  - ▷ 에스컬레이션(Escalation): 리스크가 프로젝트 범위에서 벗어나거나 프로젝트관리자의 권한을 넘어서 프로그램 또는 포트폴리오 수준에서 관리하는 전략
  - ▷ 회피(Avoidance): 위협의 발생원인 자체를 없애서 리스크의 영향에서 벗어나거나 제거하는 접근 전략(예시: 일정 연장, 프로젝트 전략 변경 또는 범위 축소 등)
  - ▷ 전가(Transference): 프로젝트에서 제3자에게 위협 요소를 이관시키는 전략(예시: 보험, 이행보증 등)
  - ▷ 완화(Mitigation): 리스크 발생확률과 영향을 감소시키기 위한 접근 전략
  - ▷ 수용(Acceptance): 위협은 인지하지만 별다른 조치는 취하지 않고 리스크 발생에 대비한 비상계획(Contingency Plan)만 수립하는 전략(중요도가 낮거나, 현실적으로 처리 불가 또는 비용 측면에서 비효과적인 리스크에 적용)

### 2.2.7 자원 관리(Resource Management)

- **목적**: 프로젝트를 성공적으로 완료하는데 필요한 인적 및 물적자원을 식별, 확보하여 관리하는 것

- **수행 활동**
  - 자원 관리 계획수립: 물적 및 인적자원의 확보, 관리 및 활용 계획과 방법 정의
  - 자원 산정: 물적자원(시설 장비, 도구 등)과 인적 자원의  종류, 수량 산정
  - 자원 확보: 물적 및 인적자원의 확보
  - 프로젝트 팀 개발: 팀원의 역량 향상과 팀원 간 협력, 전반적인 팀 분위기 개선
  - 프로젝트 팀 성과관리: 팀의 업무 목표와 성과 추적 및 피드백, 이슈 해결, 팀원 변경 관리

- 자원 통제: 정기적인 물적 및 인적자원의 가용성 확인, 자원의 사용계획 대비 실적 모니터링

- **주요 산출물**: 자원 관리 계획서, 필요 자원 산정 결과서, 프로젝트 조직도 및 역할/책임, 프로젝트 팀의 업무 성과 측정 기준 및 성과 결과

- 실무 가이드
  - **프로젝트 팀 구성**: 프로젝트 관리자는 프로젝트 범위와 주요 일정계획을 기반으로 어떤 역량 수준의 인력을 언제 확보하여 어떤 업무에 활용할 것인가를 프로젝트 초기에 결정한다. 프로젝트 수행조직 구조가 프로젝트 중심(Project-centric) 조직이나 매트릭스(Matrix) 조직 형태인 경우, 프로젝트 관리자는 필요 인력자원에 대해 사전에 관련 기능 부서장 및 경영층과 인력 수급 시기와 기간에 대해서 협상하고 영향력을 행사해야 한다. 특히 전문성과 희소성이 있는 인력자원을 외부에서 확보해야 한다면 외부 조직과 긴밀하게 협상한다.
  - **프로젝트 팀 빌딩**: 팀 빌딩은 프로젝트 성과 향상을 위해 팀원들의 역량 향상, 팀원간의 상호 협력 증진 및 전반적인 팀 분위기를 개선하기 위한 활동이다. 프로젝트 관리자는 팀워크를 촉진하는 환경 조성 및 지속적 동기부여가 필요하며, 프로젝트 팀원 간 문화나 성격(Personality)의 차이를 이해하고 프로젝트 기간 동안 상호 신뢰감 확보가 매우 중요하다. 팀 빌딩은 일회성이 아닌 정기적으로 계획을 가지고 수행하는 것이 좋다.
  - **터크만(Bruce Tuckman)의 팀 개발 단계**: 1965년에 브루스 터크만이 제안한 팀 개발 이론으로써, 팀이 형성되고 발전해 가는 과정을 설명하는 모델이다. 터크만의 팀 개발단계는 총 다섯 단계로 구성되어 있으며, 각 단계는 팀이 더 효과적으로 작업하기 위해 어떻게 발전하는지를 보여준다.
    - ▷ 형성 단계(Forming): 각자의 역할을 탐색하고 이해하려고 노력하는 단계
    - ▷ 폭풍 단계(Storming): 프로젝트 수행 방식이나 기술적 이슈에 대해 토의하고 충돌하는 단계
    - ▷ 표준화 단계(Norming): 규칙과 규범이 정립되고 공동의 목표를 위해 협력의 의지가 높은 단계
    - ▷ 수행 단계(Performing): 상호 협업해서 이슈를 효과적으로 해결하는 단계
    - ▷ 해산 단계(Adjourning): 프로젝트 성과와 교훈과 토의하고 팀의 해체 단계

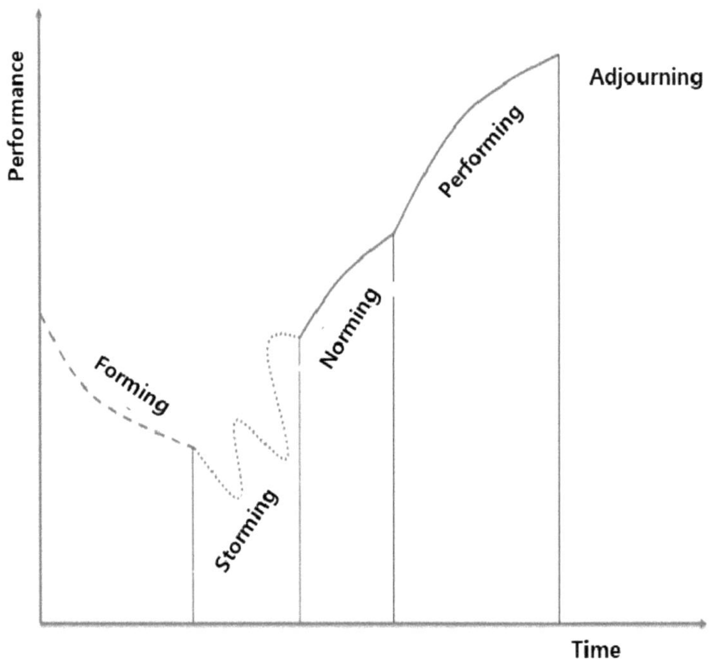


그림 2.16 팀 개발단계

- **갈등 해결 전략과 해결 방법**: 프로젝트 수행 과정에서 기술적 또는 관리적 이슈에 대해 팀 내 갈등은 언제든지 발생할 수 있다. 프로젝트 관리자가 상황에 따라 갈등 해결 전략과 해결 방법을 적절히 활용하면 팀 내 갈등을 효과적으로 관리하고 팀의 협력과 성과를 극대화할 수 있을 것이다.

▷ 상황별 갈등 해결 방법

| 전략 | 상황 및 해결 방법 |
|---|---|
| 회피<br>(Avoiding<br>/Withdrawing) | • 상황: 갈등이 사소하거나 일시적일 때, 상황을 진정시킬 필요가 있을 때<br>• 방법: 갈등을 무시하거나 회피하여 시간이 지나면서 자연스러운 해결을 위해 결정을 미룸<br>• 장/단점: 감정적 반응을 진정시키고, 갈등의 악화를 방지할 수 있으나, 근본적인 문제를 해결하지 못하고, 시간이 지나면 재발 할 수 있음 |
| 양보<br>(Accommodating<br>/Smoothing) | • 상황: 상대의 의견이 더 중요하거나, 갈등을 빨리 해결해야 할 때<br>• 방법: 자신의 요구나 입장을 양보하여 상대방의 요구를 수용함<br>• 장/단점: 상대와 관계를 유지하고, 신뢰 구축에 도움이 되나, 자신의 의견이 무시될 수 있으며, 장기적으로 불만이 쌓일 수 있음 |

| | |
|---|---|
| 강제<br>(Competing/Forcing) | • 상황: 중요하고 긴급한 문제에 대한 신속한 결정이 요구될 때<br>• 방법: 자신의 입장을 강력하게 주장하고, 상대방의 요구를 무시함<br>• 장/단점: 빠른 해결책을 제공할 수 있으나, 상대와의 관계가 악화 될 수 있으며, 협력적인 분위기가 저해될 수 있음 |
| 협력<br>(Collaborating<br>/Problem Solving) | • 상황: 근본적인 문제를 해결하고, 장기적으로 건설적인 관계를 구축하고자 할 때<br>• 방법: 양측의 입장을 모두 고려한 포괄적인 해결책을 모색함<br>• 장/단점: 모두가 만족하고 팀의 신뢰와 협력을 증진시킬수 있으나, 시간이 많이 걸릴 수 있음 |
| 중재<br>(Mediating<br>/Compromising) | • 상황: 내부적으로 해결하기 어려울 때, 제3자의 도움이 필요할 때<br>• 방법: 중립적인 제3자가 개입하여 갈등을 조정하고 해결함<br>• 장/단점: 객관적인 시각을 제공할 수 있으나, 중재자의 능력에 따라 결과가 달라질 수 있음 |

▷ 갈등 해결의 일반적인 원칙
- 적극적 경청: 상대방의 말을 경청하고, 그들의 입장을 이해하려고 노력
- 감정 관리: 감정을 조절하고, 이성적인 태도로 대화
- 공동의 목표 설정: 갈등 해결을 통해 달성하고자 하는 공동의 목표를 설정
- 명확한 의사소통: 명확하고 솔직하게 자신의 입장과 요구를 전달
- 서로 존중: 상대를 존중하고, 상대의 의견을 가치있게 여김
- 문제 중심적 접근: 사람을 비난보다는 문제의 원인에 집중하여 해결책 모색

## 2.2.8 조달 관리(Procurement Management)

- **목적**: 프로젝트 외부에서 필요한 제품, 서비스, 결과물을 구매하거나 획득하는 것

- **수행 활동**
  - 조달 관리 계획: 프로젝트 조달 결정 사항 문서화, 조달 방식 구체화, 유력한 후보 판매자 식별
  - 조달 수행: 판매자 모집, 판매자 선정, 계약체결
  - 조달 통제: 조달 관계 관리, 조달계약 이행 감시, 변경 및 시정조치 수행, 계약 종결

- **주요 산출물**: 조달관리 계획서, 조달 작업 범위서(SOW), 조달문서(제안요청서 등), 공급자 선정/평가 기준 및 공급자 평가 결과서, 협약(계약)서, 작업성과 정보 등

- 실무 가이드
  - **조달 진행 단계**: (1) 조달 작업기술서(SOW) 작성 (2) 예산 책정에 필요한 상위 수준의 비용 산정 (3) 입찰 공지 (4) 적격 판매자 최종 후보 업체 식별 (5) 입찰서 작성/발행 (6) 판매자 제안서 작성/제출 (7) 제안서 평가(기술/비용) 및 선정 (8) 협상 및 계약체결

  - **계약 방식**: 계약방식은 산업 도메인이나 프로젝트 특성에 따라 다양한 방식이 있다. 다음은 일반적인 계약방식을 설명한다.

| 계약 방식 | 유형 | 특징 |
|---|---|---|
| 고정가 계약<br>(Fixed Price, FP) | 고정 총액 계약<br>(Firm Fixed Price, FFP) | • 계약 시 합의한 확정 금액<br>• 요구사항이 명확하고 변경 가능성이 낮을 때 적용<br>• 공급자 위험 부담이 가장 높음<br>• 원가 부담으로 인한 공급자의 부실 위험 (구매자 위험) |
| | 고정가 인센티브 계약<br>(Fixed Price Incentive Fee, FPIF) | • 확정 금액+인센티브(해당 시)<br>• 목표비용 이하 비용 절감 시, 인센티브 제공(공급자, 구매자 비율 기준)<br>• 업무 범위가 명확할 때 적용 |
| 원가 정산 계약<br>(Cost-reimbursable, CR) | 원가보상 가산금 계약<br>(Cost Plus Fixed Fee, CPFF) | • 발생 비용+확정 이익 (고정 수수료)<br>• 공급자가 비용 절감에 대한 동기부여가 약함(구매자의 위험 부담)<br>• 구매자가 판매자의 작업 모니터링과 진척 관리가 필요 |
| | 비용 비율 가산원가 계약<br>(Cost Plus Percentage of Cost, CPPC) | • 발생 비용+확정 이익율(%)<br>• 공급자 유리, 구매자 불리 |
| | 원가보상 인센티브 계약<br>(Cost Plus Incentive Fee, CPIF) | • 발생 비용+확정 이익(고정 수수료)+인센티브(해당시)<br>• 비용 절감으로 발생한 이익을 구매자와 판매자가 공유 (공급자, 구매자 비율) |
| 시간/자재 계약<br>(Time & Material, T&M) | 인건비 및 자재비 단가 계약 | • 실제 발생 원가 + 수수료(이윤) 지급<br>• 요구사항 불명확한 경우 적합<br>• 비용 증가 리스크 발주자 부담 |

### 2.2.9 이해관계자 의사소통 관리(Stakeholder Communication Management)

- **목적**: 프로젝트 이해관계자들의 정보 요구사항(Information Needs)을 식별하여 프로젝트 수행 중, 어떤 정보(작업산출물)를 생성, 분류, 저장, 배포할 것인가를 결정하며, 효과적인 정보교환을 통해 프로젝트와 이해관계자들의 정보 요구사항을 충족시키는 것

- **수행 활동**
  - 이해관계자 식별 및 분석: 이해관계자 정보 파악(성명, 소속/직급, 연락처, 도메인 경험 및 지식수준, 전문 영역 등), 프로젝트에 미치는 영향력, 이해관계자와의 주요 업무 의존성(Critical Dependency), 프로젝트 관심 사항과 기대 사항, 정보요구사항 등
  - 이해관계자 참여 계획수립: 프로젝트 역할/책임, 프로젝트 참여(관여) 시기와 정도(빈도/주기), 이해관계자의 적극적 참여 유도를 위한 방안
  - 의사소통 관리 계획수립: 이해관계자의 관심 사항과 기대 사항을 바탕으로 이해관계자에게 적시에 제공하는 정보, 의사소통 매체와 방법을 수립
  - 이해관계자 및 의사소통 관리: 프로젝트 정보의 생성/수집, 저장, 배포 관리, 이해관계자의 정보 요구사항 충족 여부 확인, 이해관계자 관련 이슈 관리 등

- **주요 산출물**: 이해관계자 리스트, 이해관계자의 프로젝트 역할/책임, 의사소통관리 계획서, 프로젝트 상태 및 성과(프로젝트 산출물), 의사소통 결과서(회의록, 보고서 등)

- **실무 가이드**
  - **이해관계자(Stakeholder)**: 이해관계자란, 프로젝트에 긍정적 또는 부정적으로 영향을 받거나 미치는 개인 혹은 조직을 말한다. 이해관계자는 프로젝트, 성과물 및 프로젝트 팀원에게도 영향을 행사할 수 있다.

    이해관계자는 프로젝트에 참여할 때 다양한 수준의 책임과 권한(영향력)을 가지며 이러한 권한은 프로젝트 수명주기 동안에 변경될 수 있다. 프로젝트 성공의 핵심은 프로젝트 이해관계자의 요구사항을 만족시키는 것에 있다. 따라서 프로젝트 관리자는 모든 이해관계자의 프로젝트 요구사항과 니즈(Needs)를 결정하기 위해 내부 및 외부 이해관계자를 식별하고 프로젝트 수명주기 동안 이해관계자를 관리해

야 한다.

▷ 내부 이해관계자: 경영층 및 상위관리자, 프로젝트 팀원, 사내 프로젝트 기능부서장(프로젝트 팀원 소속 부서장, 구매, 재무, 품질 부서장 등) 등

▷ 외부 이해관계자: 고객(스폰서), 개발 협력업체, 제품 사용자(End user) 및 제품 운영에 영향받는 사람 또는 조직, 개발 시스템과 인터페이스 되는 조직 등

스탠디쉬 그룹의 Chaos Report에 따르면, 프로젝트 실패 요인의 12.4%가 "이해관계자 참여 부족"에 있다고 말한다. 프로젝트 관리자는 프로젝트 계획수립 단계에서 최대한 빨리 이해관계자를 식별, 분석하고 프로젝트 기간 중에 그들을 어떻게 관리할 것인가에 대한 이해관계자 의사소통 계획을 수립해야 한다.
이해관계자 관리 정보에는 이름, 연락처, 기능(역할), 프로젝트에 관한 기대 및 관심 사항, 전문 분야 및 수준, 프로젝트 기간동안 참여 시기/시간 및 장소, 이해관계자와 의사소통 방안 등이다. 성공적 프로젝트를 위해서 이해관계자와 지속적으로 정보를 교환하고 정기적으로 상황을 공유하고 적극적인 프로젝트 참여를 유도해야 한다.

- **의사소통 채널 수**: 어렵고 복잡한 프로젝트일수록 이해관계자 수가 많다. 일반적으로 프로젝트 관리자는 자신의 시간에서 약 90% 이상을 이해관계자와의 의사소통에 사용하며, 이 중 약 50~60% 정도가 프로젝트 팀원과의 의사소통에 사용된다. 프로젝트 관리자의 의사소통 채널 수(n(n-1)/2)는 의사소통 대상 인원수에 따라서 기하급수적으로 증가한다. 따라서 프로젝트 관리자는 의사소통 계획과 방법에 따라 효과적인 의사소통이 필요하다.

- **의사소통 방법**: 프로젝트 관리자는 이해관계자와 의사소통 목적과 의사소통 정보의 내용에 따라 적절한 의사소통 방법을 적용한다.

  ▷ 대화식 의사소통: 당사자 간 실시간 정보교환 할 때 이용 (회의, 전화, 메시징, 소셜 미디어, 화상회의 등)

  ▷ 전달식 의사소통: 수신자에게 정보를 전송/배포할 때 이용 (서신, 메모, 보고서, 이메일, 팩스, 음성 메일 등)

  ▷ 유인식 의사소통: 대용량 정보나 대규모 수신자와 의사소통에 이용 (인트라넷 사이트, 온라인 학습, 지식정보 DB 등)

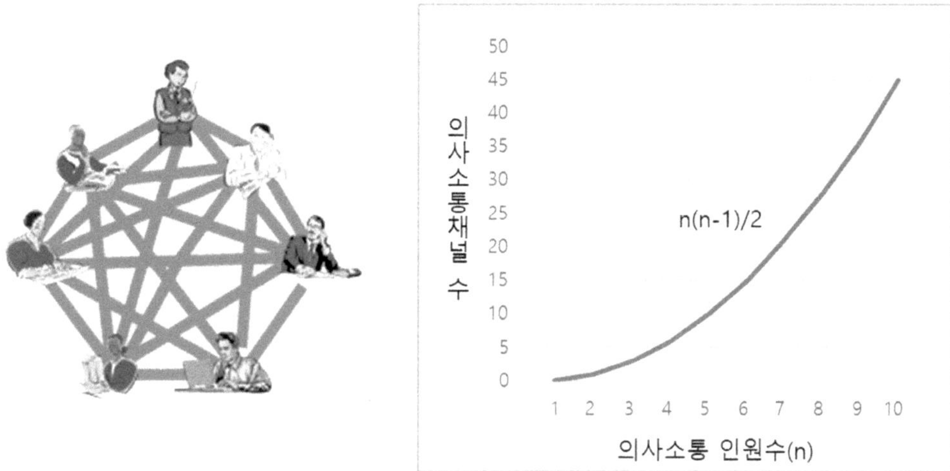


그림 2.17 의사소통 채널 수

- **의사소통 관리 계획서**: 의사소통 관리 계획서에 포함되는 주요 정보는 다음과 같다.
  - ▷ 이해관계자의 정보 요구사항과 의사소통 정보, 및 방법
  - ▷ 의사소통 문서 템플릿 (회의록, 보고서, 공문, 보고서, 작업산출물 등)
  - ▷ 정보 배포의 목적, 대상자, 기간/주기 등
  - ▷ 에스컬레이션(상부 보고) 프로세스
  - ▷ 보안정보 관리 담당자 및 보안정보 공개 승인 책임자, 보완 관리 절차

### 핵심 리뷰 포인트

1. 프로젝트와 프로젝트관리에 대한 정의는?
2. WBS의 정의와 목적은?
3. 프로젝트 조직구조 4가지 유형과 유형별 주요 특징은?
4. 프로젝트관리 프로세스 그룹과 프로세스 그룹별 프로세스는?
5. 획득가치관리(Earned Value Management, EVM)란 무엇인가?
6. 프로젝트 일정 단축 기법 2가지는 무엇인가?
7. 5가지 갈등 해결 전략과 방법은?
8. 외주 계약 방식 중 고정가 계약방식과 원가정산 계약방식의 내용과 특징은?
9. 리스크와 이슈에 대한 정의와 리스크관리 프로세스는?

# Chapter 3

## SE-PM 통합과 조직 표준 프로세스 구축 (SE-PM Integration & Organizational Standard Process)

# 3.1 SE-PM의 통합

## 3.1.1 시스템엔지니어링과 프로젝트관리의 관계

시스템 개발 프로젝트 업무는 크게 엔지니어링 업무와 프로젝트관리 업무로 구분된다. **프로젝트관리**는 프로젝트 목표를 성공적으로 달성하기 위해 범위, 일정, 비용, 자원, 품질, 리스크 등을 관리하는 활동이다. 반면에 **시스템엔지니어링**은 시스템의 요구사항 분석, 설계, 제작, 검증/확인, 운영/유지보수, 폐기 등의 시스템 수명주기(Life-cycle) 전체의 전반적인 엔지니어링 활동에 초점을 두고 있다.

시스템엔지니어링(SE)과 프로젝트관리(PM) 업무는 어떤 관계성이 있는가? 시스템엔지니어링 국제 표준인 ISO/IEC 15288에서는 시스템엔지니어링 프로세스 범주를 기술 프로세스(Technical Process) 범주 외에도 프로젝트 계획수립, 프로젝트 평가 및 모니터링, 리스크관리, 품질보증 등의 기술 관리 프로세스(Technical Management Process) 범주도 포함하고 있다. 기술관리 프로세스 내용을 프로젝트관리 표준(PMBOK)의 내용과 비교했을 때, 범위, 비용, 일정, 리스크관리 등 많은 업무가 중복되고 있다. 따라서 이들의 SE 관리(SEM) 업무는 통합되고 시스템 엔지니어와 프로젝트 관리자가 협업하여 수행해야 하는 업무이다.

그림 3.1은 ALEXANDER KOSSIAKOFF의 저서 'Systems Engineering Principles and Practice'와 미국 항공우주국(NASA)의 'Systems Engineering Handbook'의 내용 일부이다. 이 두 개의 다이어그램에서 알 수 있듯이 SE와 PM의 업무 영역은 서로 다른 역할을 수행하지만, 프로젝트 성공을 위해 공통적으로 협력해야 하는 영역이 존재한다.

시스템엔지니어링 업무가 잘 되어도, 프로젝트관리가 부실하면 일정과 예산을 초과하게 된다. 반대로 프로젝트관리만 잘 되면 시스템이 기술적으로 실패할 수 있다. 따라서, 두 영역은 중앙의 공통 영역을 중심으로 긴밀히 협력하고 통합적으로 관리되어야 한다. 특히, 리스크 관리, 형상 관리, 고객과의 상호작용 업무는 양쪽 모두가 적극적으로 참여해야 하는 핵심 성공 요인이다.

시스템 엔지니어와 프로젝트 관리자의 역할은 어떻게 다른가? **프로젝트 관리자**는 프로젝트의 편익(benefit)과 제공하는 산출물(deliverable)의 성공적인 완성에 책임을 갖고 프로젝트 활동을 모니터링하고 통제한다. **시스템 엔지니어** 또한 기술적 측면에서 프로젝트 활동을 모니터링 하지만, 지향하는 초점과 목표가 프로젝트 관리자와 조금 다르다. 시스템 엔지니어는 프로젝트의 편익을 제공하기 위한 관리보다는 최적화된 제품의 구성 요소를 개발하여 이해관계자의 요구사항에 부합하는 결과(deliverable)를 제공하는데 관심이 더 많다. 이러한 역할들이 서로 긴밀하게 협력하지 않으면, 그 결과는 종종 논쟁과 갈등을 유발하게 된다.

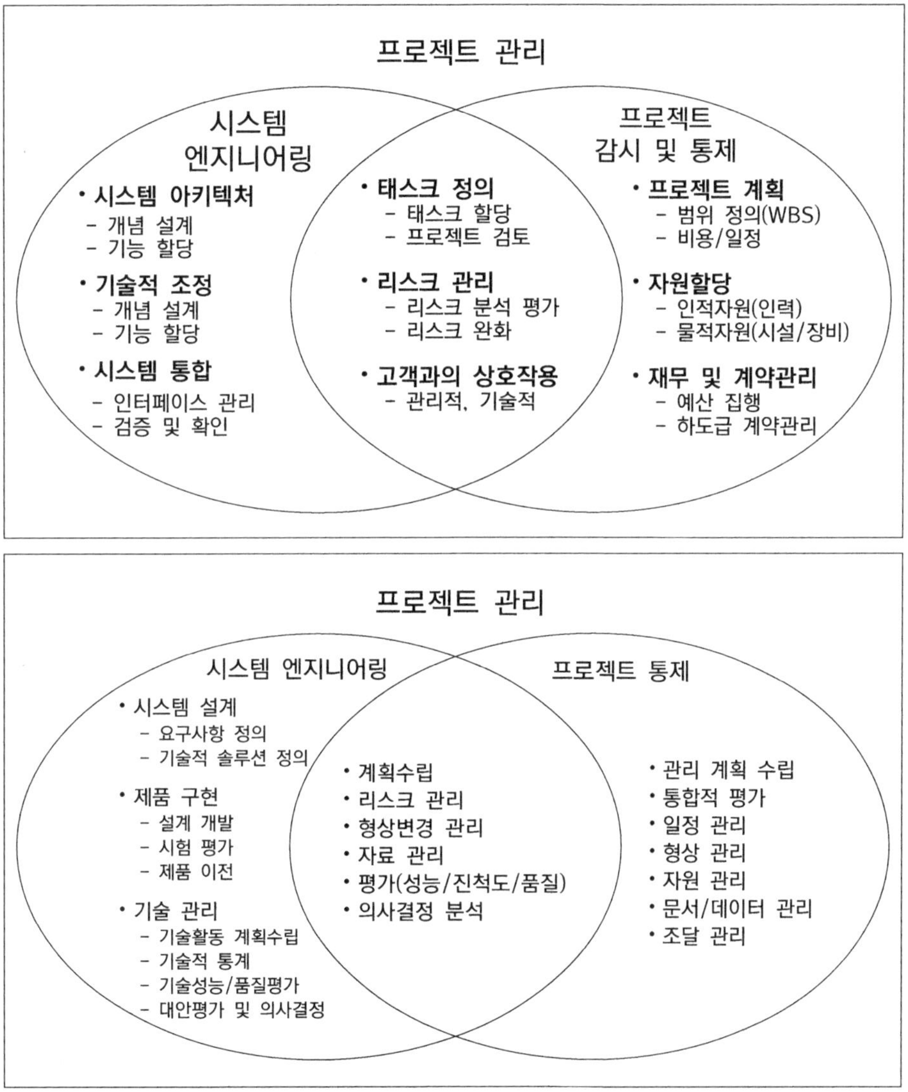


그림 3.1 시스템엔지니어링과 프로젝트관리 영역

### 3.1.2 시스템 엔지니어와 프로젝트 관리자 간의 갈등

PMI와 INCOSE의 연구 조사 결과에 따르면, 조직에서 시스템 엔지니어와 프로젝트 관리자 역할에 대해 약 48%가 대부분 통합되었다고 나타났다. 그러나 시스템 엔지니어와 프로젝트 관리자의 역할이 공식적으로 명확하게 정의된 경우는 15%에 불과하고 대다수의 조직에서는 일부 또는 비공식적으로 통합되었다고 한다. 이로 인해 프로젝트 수행 과정에서 시스템 엔지니니어와 프로젝트 관리자 간의 업무적 갈등을 유발하게 된다.

그러면 한 사람이 프로젝트 관리자와 시스템 엔지니어의 두 역할을 동시에 수행하면 될 것이라고 결론을 내릴 수도 있다. 그러나, 이것은 한 개인이 가용한 시간과 경험과 전문 지식이 제한될 뿐만 아니라 최적의 솔루션(Solution) 개발 활동에 저해 요인이 될 수 있다. 두 역할을 한 사람이 담당하는 것은 소규모의 조직이나 복잡성이 낮고 범위가 작은 프로젝트에서는 가능할 수는 있겠지만, 대형 복합시스템 개발 프로젝트에서는 매우 위험한 발상이다.

PMI와 INCOSE 연구 결과에 따르면, 프로젝트 관리자는 의사소통(61%), 리더십 스킬(58%) 및 이해관계자 관리(48%) 역량 순으로 중요하게 생각했고, 시스템 엔지니어는 시스템적 사고(86%), 요구사항 관리(46%) 역량이 가장 중요하다고 생각했다. 특이한 사항은 "시스템적 사고"와 "요구사항 관리" 역량은 각자가 생각하는 중요도 차이(GAP)가 각각 64%, 36%로 매우 크다는 것을 알 수가 있다.

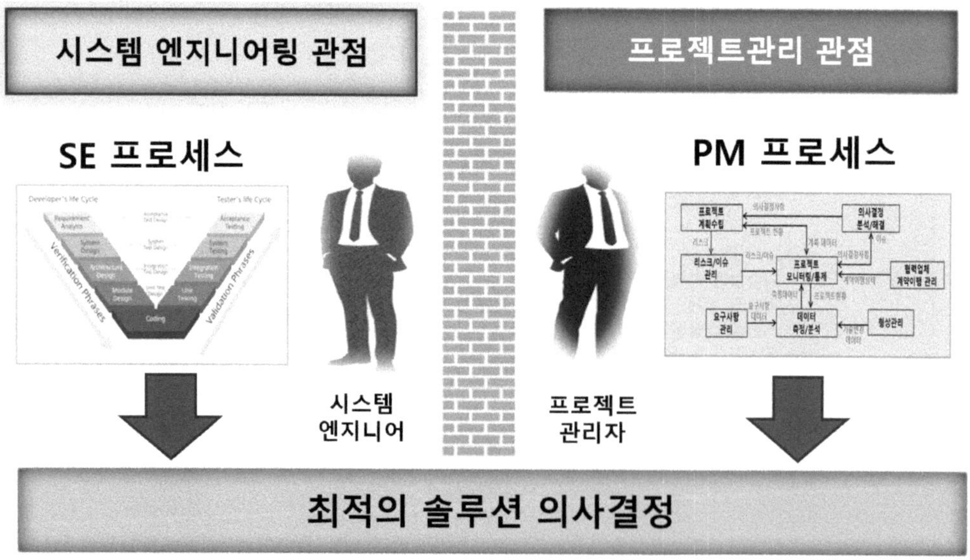


그림 3.2 시스템엔지니어링과 프로젝트관리 관점

시스템 엔지니어와 프로젝트 관리자는 각각 자신들의 관점에서만 문제를 해결하려 함에 따라 종종 비생산적인 논쟁 상태에 놓일 수 있다. 결과적으로 합의된 해결책에 대한 협력과 통합적 접근이 힘들게 된다. 또한, 응답자 중 29%가 프로젝트 관리자와 시스템 엔지니어 간의 관계에서 비생산적인 갈등 상황을 경험했다고 응답했다.

시스템 엔지니어와 프로젝트 관리자 간의 갈등의 원인은 프로젝트 범위와 납기, 역할과 권한 그리고 프로젝트관리와 시스템엔지니어링 실무적 충돌이다.

- **프로젝트 범위와 납기 이슈**

  일반적으로 영업 담당자 또는 프로젝트 관리자에 의해 프로젝트 범위가 공식화(계약)된 후에 시스템 엔지니어가 프로젝트에 참여한다. 프로젝트 관리자는 고객과 합의된 요구사항은 변경되지 않아야 하고 프로젝트 납기는 지켜져야 한다는 입장이다. 반면에 시스템 엔지니어는 불명확한 요구사항과 과도한 요구 성능, 자원의 제약, 촉박한 납기 등으로 인해 프로젝트 초기에 프로젝트 관리자와 비생산적인 논쟁을 유발하게 된다.

- **역할과 권한의 불명확**

  프로젝트 관리자와 시스템 엔지니어의 역할과 권한에 대한 모호한 정의와 관련이 있다. 역할과 권한에는 역할에 관련된 책임, 의사결정 및 자원의 승인 권한, 인력관리 및 리더십 책임 등을 말한다. PMI와 INCOSE 연구 결과에 따르면, 시스템 엔지니어는 30% 정도만 역할과 책임이 명시적으로 정의되었다고 하며, 그에 비해 프로젝트 관리자는 45% 정도가 정의되었다고 생각한다.

- **프로젝트관리와 시스템엔지니어링 업무 적용 표준과 실무의 상충**

  프로젝트관리와 시스템엔지니어링 실무에서의 어긋남은 논쟁의 원인이 된다. 프로젝트 관리자와 시스템 엔지니어가 가지는 고유한 책임이 있으며, 그러한 요소 중에서 공통되는 부분은 수명주기 전반에 대한 계획, 리스크관리, 형상관리, 협력업체와의 관계, 품질관리 등이다. 이러한 부분들에서 중복 작업, 프로젝트 목표에 영향을 미치는 중대한 차이(GAP) 또는 상충하는 의견이 있을 수 있다. 통합적 접근이 아닌 개별적 관점으로 기술, 이해관계자, 조직 및 환경적 리스크를 접근할 경우 프로젝트의 리스크를 놓치거나 무시될 수 있다.

### 3.1.3 SE-PM 통합 전략과 관점

복합시스템 개발 프로젝트에서 공동의 목표와 목적을 효과적으로 달성하기 위해 시스템 엔지니어링과 프로젝트관리의 프렉티스(Practice), 도구 및 기법, 경험과 지식을 협업하고 체계적인 방식으로 결합하는 것이 필요하다. 시스템엔지니어링(SE)과 프로젝트관리(PM)의 통합은 프로젝트의 복잡성을 효과적으로 관리하고, 효율적이고 고품질의 결과물을 생성할 수 있기 때문에 프로젝트 성공의 중요한 요소로 작용할 수 있다. 시스템엔지니어링과 프로젝트관리의 통합을 성공적으로 이루기 위해 다음과 같은 통합 전략이 필요하다.

- **통합된 프로젝트 계획 수립**: SE와 PM 계획을 통합하여 일정, 자원, 목표 등에 대한 일관성 있는 계획수립 (PMP와 SEMP 통합)
- **협업 도구 사용**: SE와 PM 도구를 통합하여 프로젝트팀 간의 협업 촉진
- **표준 프로세스 정의**: SE 및 PM 글로벌 표준 (PMBOK, ISO/IEC 15288, CMMI 등)을 기반으로 조직 및 프로젝트의 특성에 맞는 SE-PM 통합 프로세스 정의
- **역할과 책임의 명확화**: 프로젝트 관리자와 시스템 엔지니어의 역할과 책임을 명확히 정의하고 각 분야의 전문가들이 효과적으로 협력 촉진
- **지속적인 커뮤니케이션**: 정기적인 회의와 보고를 통해 프로젝트 관리자와 시스템 엔지니어링팀 간의 지속적인 커뮤니케이션 유지

프로젝트 목표(일정, 예산, 요구기능/성능, 고객만족) 달성을 위한 프로젝트관리와 시스템엔지니어링의 효과적 통합의 3가지 관점은 프로세스 및 도구, 조직적 환경, 인력 역량의 관점이다.

- **프로세스 및 도구 관점**

  대부분의 프로젝트 관리자와 시스템 엔지니어는 각자 업무 분야에 관련된 표준만을 업무에 활용하는 경우가 많다. 효과적인 통합을 위해서는 SE와 PM의 두 표준을 참고하여 비즈니스와 조직의 특성에 맞는 자체 표준 프로세스를 개발하여 사용할 필요가 있다.

  프로젝트 관리자와 시스템 엔지니어 간의 업무 중 겹치는 부분이 있으며, 이 부분에 대한 명확한 역할과 책임의 정의가 없으면 비생산적인 논쟁 상태가 발생할 수 있다. 프로세스 및 도구 측면에서의 핵심 요소는 다음과 같다.

  - 정의된 프로세스 (일정관리, 자료관리, 리스크관리, 의사결정 등)와 용어의 사용
  - 시스템 엔지니어와 프로젝트 관리자의 명확한 역할과 책임 정의

- 신속하고 효과적인 의사소통 및 의사결정(에스컬레이션) 체계의 확립(에스컬레이션) 프로세스: 프로젝트 내에서 발생된 리스크, 이슈, 갈등이 일정 수준을 초과하거나 프로젝트 목표 달성을 위협할 때, 이를 적절한 권한을 가진 상위 계층에 단계적으로 보고하고 해결하는 절차)
- 시스템/도구 및 관련 문서양식의 표준화
- 자료의 중앙화(기술자료 및 사례, 수행경험(Lessosns Learned), 측정 데이터 등)
- SE와 PM 프렉티스에 대한 정기적인 평가 및 프로세스 개선

■ **조직 환경 관점**

조직 환경 측면에서 통합의 핵심적 요소는 조직의 올바른 문화 촉진, 지식공유의 가치 창출, 보상과 인정, 경영층 지원 강화 등이다. "올바른 문화 촉진"은 서로간의 신뢰, 오픈 마인드, 소통, 협력의 문화를 개발하고 다른 분야 부서 간의 공동의 책임감을 갖게 하는 것을 의미한다. 프로젝트 수행 조직구조의 형태(기능 조직, 매트릭스 조직, 프로젝트중심 조직)와 프로젝트 수행위치(Location)도 고려해야 한다. 통합을 적극적으로 추진하고 올바른 조직문화를 형성하는 것은 조직 리더십의 책임이다. 경영층의 지원과 함께 보상과 인정은 다양한 방법으로 필요하다.

■ **인력 역량 관점**

프로젝트관리 및 시스템엔지니어링 담당자는 주어진 역할을 수행하고 프로세스, 방법 및 도구를 사용하기 위한 적절한 기술과 지식을 갖추고 있어야 한다. 통합의 성과와 프로젝트 성공의 핵심은 프로젝트 수행을 위한 적합한 기술과 역량을 개발하는 것이다. 따라서, 조직은 SE와 PM에 관련된 지속적인 교육훈련을 촉진시켜 각 참여자들이 서로에게서 배우고 다른 경험과 지식을 효과적으로 공유할 수 있도록 해야 한다.

### 3.1.4 SE-PM 통합의 기대효과

시스템엔지니어링과 프로젝트관리의 통합으로 기대되는 효과는 무엇인가?

**첫째**, 통합된 업무 접근 방식을 통해 중복 작업을 줄이고 자원 활용을 최적화하여 프로젝트의 효율성을 향상하는 것이며,

**둘째**, 기술적 리스크와 프로젝트 관리적 리스크를 통합적으로 분석하여 프로젝트 리스크

를 효과적으로 대응할 수 있고,

**셋째**, 시스템엔지니어링의 엄격한 검증/확인 과정과 프로젝트 관리상의 품질관리 절차를 결합하여 높은 품질의 결과물을 보장하며,

**넷째**, 두 분야의 통합을 통해 요구사항을 명확히 이해하고 충족시킴으로써 이해관계자의 만족도를 높일 수 있다는 것이다.

## 3.2 SE-PM 조직 표준 프로세스 구축 가이드

복합시스템 개발 프로젝트의 성공을 위해서는 체계적인 시스템엔지니어링(SE)과 프로젝트관리(PM) 활동이 요구된다. 필자가 그동안 기업의 SE & PM 프로세스 개선 컨설팅을 수행하면서 발견한 것은 많은 조직이 국제 표준인 ISO 9001 기반의 품질경영시스템을 구축, 운영하고 있으나, 시스템엔지니어링과 프로젝트관리 활동에 대한 실무적 프로세스가 미흡하다는 것이다.

일부 기업은 PMBOK, ISO/IEC 15288, CMMI 등 시스템엔지니어링과 프로젝트관리의 글로벌 표준에 기반한 조직의 연구개발 및 프로젝트관리 표준 프로세스 구축에 노력하고 있으나, 관련 표준에서 정의하는 SE, PM 프로세스의 복잡한 연계성과 프로세스 영역 간의 프렉티스(Practice) 중복으로 조직 표준 프로세스 구축에 많은 어려움을 겪고 있다. 이로 인해 조직 프로세스의 개수만 많아지고 프로세스 간의 연계성 미흡, 프로세스 수행 활동의 중복 등으로 비효율적인 프로세스가 구축되어 조직 및 프로젝트에서 실질적으로 실행 및 내재화가 되지 못하고 있는 경우가 많다.

필자는 시스템엔지니어링과 프로젝트관리의 글로벌 표준에 기반하여 SE-PM 통합 프로세스 아키텍처를 개발하여 그동안 십수 년간 컨설팅 서비스를 통해 기업의 조직 특성에 맞게 적용해 왔다. SE-PM 프로세스 아키텍처와 프로세스별 세부 수행 활동(Activity)은 시스템 연

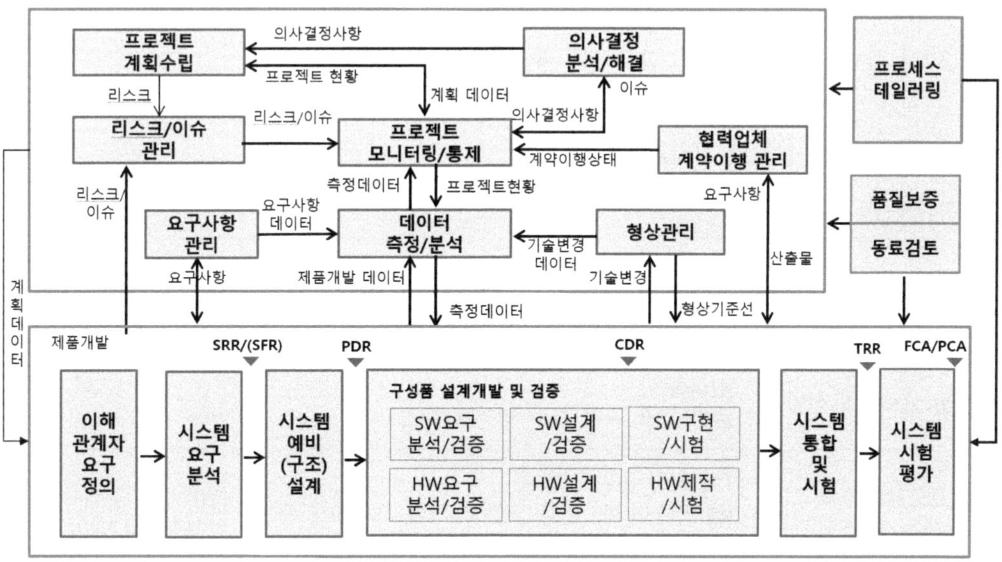


그림 3.3 SE-PM 통합 프로세스 아키텍처

구개발 조직에서 효율적이고 실용적(Practical)인 조직 표준 프로세스를 구축하거나 개선할 때 매우 유용할 것이며, 이는 제품의 품질 향상, 프로젝트 참여 조직 간의 역할과 책임의 명확화, 의사소통 향상, 업무 재작업 감소 들의 효과를 가져올 수 있다. 프로세스 수행활동의 산출물 양식(템플릿)은 책 후반부에 정리한 "부록(Appendix)"을 참고하기 바란다.

### 3.2.1 프로세스 테일러링 프로세스(Process Tailoring Process)

- **프로세스 개요**

프로세스 테일러링은 조직의 표준 프로세스(표준 업무절차서)를 특정 프로젝트의 특성이나 상황에 맞게 조정(Tailoring)하는 활동을 의미한다. 즉, 조직 차원에서 정의한 표준 프로세스를 프로젝트에 그대로 적용하는 것은 어려움이 따르기 때문에 프로젝트의 특성과 고객의 요구사항에 맞춰 조직 표준 프로세스에서 정의한 수행 활동 및 작업산출물을 적절히 수정, 생략 또는 추가하는 활동을 말한다.

테일러링 시 고려해야 할 사항은 고객 요구사항, 프로젝트의 유형 및 특성, 프로젝트 규모(비용, 기간 등), 조직 표준 프로세스 및 관련 표준/규격 등을 고려해야 한다.

프로세스 테일러링 업무는 프로젝트 착수 시점에 프로젝트 계획서 작성 이전에 수행하는 업무이다. 다시 말해 프로세스 테일러링 결과를 기반으로 프로젝트관리 계획서 및 분야별 관련 계획서와 업무 절차서를 작성한다.

- **프로세스 수행 활동과 작업산출물**

| 수행활동(Activity) | 작업산출물(Work Product) | 비고 |
|---|---|---|
| 프로젝트 특성 분석 | - 프로젝트 유형, 규모(금액, MM), 기간, 위험도, 고객 요구사항(기능/비기능), 관련 표준/규격 등 | 제안요청서, 제안서/계약서 |
| 적용 가능한 표준 프로세스 식별 | - 조직의 표준 프로세스 목록, 구성요소 및 작업 산출물<br>- 관련 외부 규격/표준 및 구성요소 | |
| 프로세스 항목 선정 및 조정 | - 테일러링 범위 식별서 (생략, 단순화, 변경 또는 추가할 프로세스 또는 프로세스 구성요소) | PM, QA, 고객 등 이해관계자 참여 |

## 3.2.2 프로젝트 계획 수립 프로세스(Project Planning Process)

- **프로세스 개요**

프로젝트 계획 수립 프로세스는 프로젝트 목표 달성 가능성을 확보하기 위해 프로젝트 수행에 필요한 계획 및 업무 절차를 수립하는 것이다. 주요 계획의 요소로는 예산, 일정, 인력, 시설/장비, 산출물관리, 리스크/이슈관리, 형상관리, 품질보증, 이해관계자 의사소통관리 등이다. 리스크/이슈관리 계획, 품질보증 계획은 이후에서 별도 프로세스로 설명한다.

- **프로세스 수행 활동과 작업산출물**

| 수행활동(Activity) | 작업산출물(Work Product) | 비고 |
|---|---|---|
| 프로젝트 범위<br>파악 및 산정 | - 프로젝트 범위<br>- WBS(Work Breakdown Structure)<br>- 규모, 공수 및 비용 산정치(Estimates) | 산정기법/도구 |
| 시스템 개발 수명주기<br>및 단계 정의 | - 시스템 개발 수명주기(Life cycle)<br>- 주요 마일스톤(Milestone)<br>- 개발단계(Phase) 및 단계별 태스크(Task) | 개발 생명주기<br>모델 |
| 일정계획 수립 | - 총괄일정 계획(Master Schedule)<br>- 상세일정 계획(태스크 시작/종료일, 태스크 의존성, 제약 및 가정 등) | |
| 공수 및 예산 계획 수립 | - 작업별 공수 계획<br>- 예산 계획(재료비, 외주비, 인건비) | 월별/분기별/<br>연도별 계획 |
| 산출물관리 계획 수립 | - 프로젝트관리 및 엔지니어링 산출물 목록<br>- 산출물 문서번호 및 버전부여 규칙<br>- 산출물 저장 및 관리 절차 | 납품목록 식별,<br>문서 표준양식 |
| 자원관리 계획 수립 | - 소요 인력자원 리스트<br>- 소요 시설/장비별 명세 | 희소자원 식별,<br>자원 투입시기 |
| 기술 확보방안 수립 | - 소요 기술 목록 및 기술 확보 방안 | |
| 이해관계자 의사소통<br>계획 수립 | - 프로젝트 내·외부 이해관계자 리스트<br>- 이해관계자별 주요 관심사항 및 역할/책임<br>- 이해관계자 의사소통 계획(회의/보고 등) | 프로젝트<br>조직구성도 |
| 프로젝트관리 계획서<br>작성/승인 | - 프로젝트관리 계획서<br>- 프로젝트관리 계획서 검토/승인 결과서 | |

### 3.2.3 프로젝트 모니터링 및 통제 프로세스(Project Monitoring & Control Process)

■ **프로세스 개요**

프로젝트 모니터링 및 통제 프로세스는 프로젝트 현황과 상태를 파악하고 계획에서 크게 벗어날 경우, 조기(Early)에 조치하여 프로젝트 목표 달성 가능성을 향상하기 위함이다. 프로젝트 모니터링은 관련 지표(Metric)를 통해 수행하는 것이 바람직하다. 이는 프로젝트 상태의 가시성 확보를 통해 현재의 상태를 정확히 인식하고 미래를 예측하는데 도움을 주기 때문이다. 프로젝트 지표의 데이터 측정분석에 대해서는 이후 **"측정 및 분석 프로세스"**에서 별도로 설명한다.

마일스톤 회의는 프로젝트 이해관계자(사용자/고객, 개발업체, 협력업체 등)들이 시스템 개발 수명주기(Life-cycle) 동안의 계획된 시점에서 단계별 설정 기준에 맞는 기술의 완성 수준과 진척도를 확인, 검토하는 공식적인 회의로써, 다음 개발단계로의 진입을 위한 결정과 리스크 및 이슈 식별과 해결에 초점을 둔다.

일반적으로 주요 마일스톤 검토회의(기술 검토회의)에는 시스템 요구사항 검토회의(SRR: System Requirement Review), 기본설계 검토회의(PDR: Preliminary Design Review), 상세설계 검토회의(CDR: Critical Design Review), 시험준비 검토회의(TRR: Test Redness Review), 기능적/물리적 형상확인(FCA/PCA: Functional/Physical Configuration Audit)이 있다.

프로젝트 유형이나 특성에 따라 마일스톤 검토회의와 기술 검토회의는 구분하여 사용할 수 있겠으나, 본 장에서 방산 무기체계 연구개발 프로세스 기준에서 같은 의미로 설명한다. 마일스톤 검토회의(기술 검토회의)에 대한 자세한 내용은 이후 **"기술검토 회의"**에서 설명한다.

■ **프로세스 수행 활동과 작업산출물**

| 수행활동(Activity) | 작업산출물(Work Product) | 비고 |
|---|---|---|
| 프로젝트 진행 상태 모니터링 | - 프로젝트 계획 대비 실적(일정 진척률, 비용 및 공수 집행률, 산출물 현황 등)<br>- 요구사항 및 설계변경 현황 | 정기적 보고/회의체 |
| 기술 검토회의 (마일스톤 검토) | - 공식 기술검토회의 자료 및 회의록<br>- 리스크/이슈 및 액션 아이템 | SRR,SFR,PDR, CDR,TRR,FCA, PCA |

| | | |
|---|---|---|
| 이해관계자 모니터링 | - 이해관계자의 프로젝트 참여 기록(회의록, 기술 검토 결과서 등) | 이해관계자 역할/책임 |
| 리스크 및 이슈 모니터링 | - 리스크 및 이슈 관리대장(리스크/이슈 상태) | |

### 3.2.4 리스크 및 이슈관리 프로세스(Risk & Issue Management Process)

■ **프로세스 개요**

리스크는 프로젝트의 목표, 목적 또는 비용, 일정 및 기술성능에 관한 요구사항 달성의 불확실성을 나타내는 척도를 말한다. 리스크 관리는 프로젝트의 긍정적인 사건(기회 Opportunities)의 발생 확률(Probability)과 미치는 영향(Impact)은 증가시키고, 부정적인 사건(위협, Threats)의 발생 확률과 영향은 줄이는 활동이다.

반면에 이슈관리는 프로젝트 목표 달성에 부정적 영향을 초래하는 발생된 (또는 발생 가능성이 명확한) 사건(이슈/현안/문제점)을 최적의 솔루션으로 조치하는 활동을 말한다. 리스크와 이슈관리 활동은 프로젝트 수명주기(Life-cycle) 동안 지속적, 정기적으로 관련 이해관계자와 공유하고 추적 관리해야 한다.

■ **프로세스 수행 활동과 작업산출물**

| 수행활동(Activity) | 작업산출물(Work Product) | 비고 |
|---|---|---|
| 리스크/이슈관리 계획 수립 | - 리스크 및 이슈관리 절차서<br>- 리스크 및 이슈 분석/평가 기준<br>- 리스크 범주 및 체크리스트<br>- 리스크 및 이슈 등록부(템플릿/시스템) | |
| 리스크/이슈 식별 | - 식별된 리스크 및 이슈의 식별일자, 원천, 담당자 및 주요 내용 | |
| 리스크/이슈 분석 및 평가 | - 리스크 및 이슈 분석/평가 결과<br>- 리스크 노출도 (발생가능성, 영향도) | |
| 리스크/이슈 대응계획 수립 | - 리스크 대응 전략 및 대응 계획<br>- 이슈 조치 계획<br>- 리스크 및 이슈 조치담당자, 조치예정일 | 리스크 대응전략: 회피, 완화, 전가, 수용 |
| 리스크/이슈 대응 및 모니터링 | - 리스크 및 이슈 대응/조치 결과<br>- 리스크 및 이슈 상태 | |

### 3.2.5 데이터 측정 및 분석 프로세스(Data Measurement & Analysis Process)

■ **프로세스 개요**

측정 및 분석의 목적은 프로젝트 상태를 정량적으로 파악하고 필요시, 프로젝트 예측과 적시에 의사결정을 하기 위함이다. 측정 지표에는 프로젝트 규모(Size), 일정(Schedule), 공수(Effort), 비용(Cost), 기술성능(Performance) 및 품질(Quality)이 될 수 있다.

측정 및 분석의 또 다른 목적은 조직의 프로세스 성과(performance) 수준을 파악하고 프로세스 성과 향상을 위해 지속적인 개선을 하기 위함이다. 조직 차원에서 프로세스 성과 지표로는 요구사항 및 설계변경율, 납기준수율, 시험결함율, 재사용율, 생산성 등이 될 수 있다. 이러한 지표 데이터는 조직에서 수행하는 개별 프로젝트에서 데이터를 수집, 측정하여 조직의 측정 저장소에 저장, 관리하고 이를 조직 차원의 다양한 관점에서 분석한 데이터이다.

조직에서는 비즈니스 목표에 기반한 핵심 성과 지표(KPI: Key Performance Indicator)를 개발하여 조직 표준 지표를 정의하고, 개별 프로젝트에서는 조직 표준 지표를 프로젝트 특성에 따라 조정(테일러링)하여 적용하게 된다. 조직의 핵심 성과 지표(KPI)를 개발할 때는 균형 성과관리 제도(BSC: Balanced Scorecard)를 도입하는 것을 추천한다. 균형 성과관리 제도(BSC)는 1990년대 로버트 카플란(Robert Kaplan)과 데이비드 노튼(David Norton)이 제시한 개념으로써, 기업이 추구하는 핵심 성과 지표(KPI)를 재무적인 요소뿐만 아니라 고객, 내부 프로세스, 학습과 성장 등 비재무적인 요소까지 포괄하여 종합적으로 개발하고 평가하는 경영관리 체계이다.

표 3.1 균형 성과관리 제도 (BSC) 구성 요소

| 구분 | 설명 |
|---|---|
| 재무적 관점 | 회사의 수익성, 생산성, 효율성 등을 측정하는 지표 (예: 매출액, 영업이익, 순이익, 원가 절감율 등) |
| 고객 관점 | 고객에게 제공되는 제품 또는 서비스의 품질, 가치, 만족도 등을 측정하는 지표(예: 고객 유지율, 고객만족도, 사업 수주율 등) |
| 내부 프로세스 관점 | 업무 절차의 효율성, 효과성, 일관성 등을 측정하는 지표 (예: 관리 비용, 납기준수율, 리드 타임 등) |
| 학습과 성장 관점 | 직원 역량 개발, 혁신 활동, 리더십 육성 등 개인과 조직의 지속적인 발전을 측정하는 지표(예: 교육시간, 교육비용 등) |

▪ 프로세스 수행 활동과 작업산출물

| 수행 활동(Activity) | 작업산출물(Work Product) | 비고 |
|---|---|---|
| 비즈니스/프로젝트 목표 수립 | - 조직 비즈니스 및 프로젝트 목표 | 품질향상, 납기준수 등 |
| 측정 지표 정의 | - 비즈니스 및 프로젝트 목표와 연계된 측정 지표 Set | 프로젝트관리, 기술, 품질 지표 |
| 데이터 측정 절차 수립 | - 데이터 측정분석 절차(수집 데이터 및 주기, 측정산식, 측정결과 공유 등)<br>- 데이터 측정분석 기법/도구(관리도 등)<br>- 데이터 저장소(시스템 또는 기록 양식) | 수집 데이터 (Base Measure), 측정 지표 (Derived Measure) |
| 데이터 수집, 검증 및 분석 | - 측정 데이터 측정분석 결과서<br>- 특이사항 및 개선점 (우연원인(common cause), 이상원인(special cause)) | common(chance) cause, special(assignable) cause |
| 측정분석 결과 반영 | - 개선 결과서(Process, People, Tool) | |

### 3.2.6 의사결정 분석 및 해결 프로세스(Decision Analysis & Resolution Process)

▪ 프로세스 개요

의사결정 분석 및 해결 프로세스의 목적은 의사결정의 객관성 및 최적의 솔루션(Solution) 선정 가능성을 향상하기 위해 체계적인 대안 분석(Alternative Analysis)을 통해 의사 결정하기 위함이다. 조직에서는 공식적인 대안 평가 프로세스를 적용해야 할 사안에 대한 가이드라인을 조직 표준으로 수립을 해 놓는 것이 필요하다.

조직에서 공식적인 대안 평가 프로세스를 적용해야 할 사안에는 (1) 프로젝트에 미치는 영향성이 매우 높은 리스크 및 이슈, (2) 주요한 요구사항 및 설계변경이 요구되는 사안 (3) 일정, 비용, 기술성능 등의 프로젝트 목표 달성에 부정적 영향 초래가 예상되는 사안, (4) 협력업체, 시설장비, 도구 및 시스템 등이 될 수 있다.

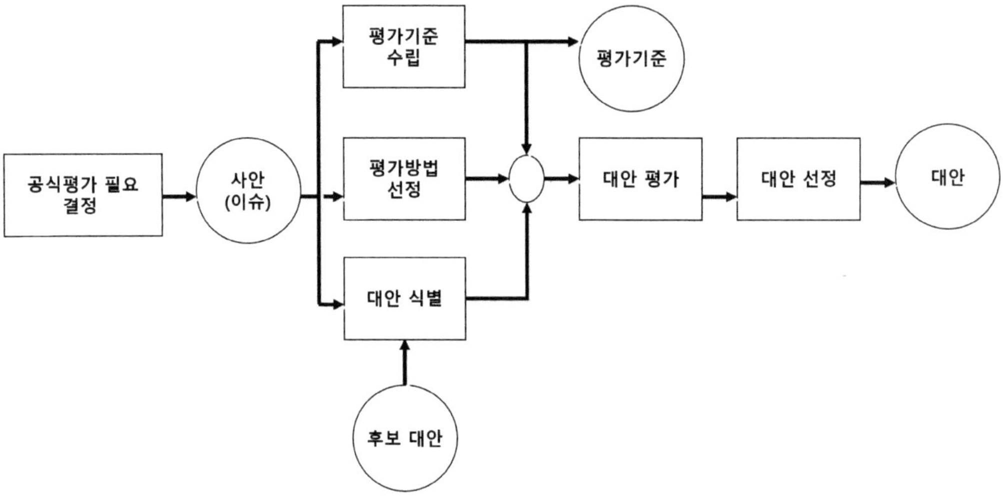


그림 3.4 대안 분석 및 평가 프로세스

■ 프로세스 수행 활동과 작업산출물

| 수행활동(Activity) | 작업산출물(Work Product) | 비고 |
|---|---|---|
| 문제점 분석 및 대안 평가여부 결정 | - 문제분석 결과(원인,영향성,심각성 등)<br>- 대안 평가 대상 여부 | 공식적 대안평가 적용 대상 가이드라인 |
| 대안(Alternatives) 식별 | - 대안(Alternatives) 리스트 | 관련 이해관계자 및 전문가 참여 |
| 대안 평가 기준 및 평가 방법 수립 | - 대안 평가 기준 및 평가 항목<br>- 대안 평가방법(테스트, 비용분석, M&S, 연구조사, 장/단점 분석 등) | |
| 대안 평가 | - 대안 평가 결과서(회의록 등) | |
| 솔루션(Solution) 선정 | - 선정된 솔루션(Solution)<br>- 관련 리스크 내용(해당 시) | |

### 3.2.7 형상관리 프로세스(Configuration Management Process)

■ **프로세스 개요**

형상관리 프로세스의 목적은 프로젝트 생명주기 동안 개발되는 작업산출물(형상 항목)에 대해 형상기준선(베이스라인)을 설정하고 변경 통제 및 형상확인 등을 통해 작업산출물의 무결성(Integrity)을 보장하고 유지하는 것이다.

형상관리 활동은 정의된 품목의 기능적 또는 물리적 특성을 식별하여 문서화하고, 그 특성에 대한 변경 통제 및 형상 항목(기술 산출물)과 제품의 일치성을 점검하며, 승인된 형상 변경의 이행 현황 등 필요한 정보를 기록·유지하는 활동을 말한다. 프로젝트에서 형상관리가 제대로 되지 않으면 아래와 같은 현상이 발생할 수 있다.

- 해당 산출물의 유효한 버전이 무엇이며 어디에 저장되어 있는지를 알 수 없다.
- 소프트웨어 소스코드의 경우, 변경 전과 후를 쉽게 파악하기 힘들고 이전 버전으로 되돌아 가기가 어렵다.
- 해당 산출물이 언제 변경되었는지 또는 변경된 내용을 관련자들이 적시에 통지받지 못하며, 특정 내용의 변경으로 인해 영향받는 관련 산출물을 쉽게 알 수가 없다.
- 변경 사항이 추적 관리 되지 않으며, 제품과 문서와의 내용이 일치하지 않는다.
- 고객에게 잘못된 작업산출물 또는 제품이 인도될 수 있다.

필자가 그동안 여러 개발 현장에서 느낀 것은 "형상관리"라는 용어는 많이 알고 있다고 하나 정작 많은 사람이 형상관리에 대한 관련 용어나 내용을 제대로 이해 못하고 있음을 느꼈다. 버전관리와 형상관리의 차이를 정확히 이해하지 못하고 혼용해서 사용하기도 한다. 버전관리는 단순히 문서의 버전이력만 관리하는 것이며, 형상관리는 버전관리를 넘어서 주요 기술문서에 대한 변경과 접근 권한을 "통제"한다는 것이다.

형상관리를 제대로 이해하고 프로젝트에서 실행하기 위해서는 우선 관련 용어에 대한 정확한 이해가 필요하다.

- **형상**(Configuration): 품목(하드웨어, 소프트웨어) 기능적, 물리적 특성을 말하며, 규격서나 도면 등 기술 자료에 치수, 모양, 재질, 제원, 성능의 형태로 표현된다.
- **형상 항목**(Configuration Item, CI): 시스템 및 구성품(하드웨어, 소프트웨어)의 기능적, 물리적 특성을 식별하여 기록한 문서로써, 시스템 개발 기간 동안에서 변경 통제가 요구되는 산출물을 말한다. 형상 항목의 지정은 시스템 개발 수명주기(Life-cycle) 동안에서 다음 개발단계 업무에 중요한 입력 산출물로써, 해당 산출물의 변경이 되면

다른 관련 업무에 미치는 영향성이 높은 산출물로 지정한다. 주요 형상 항목으로는 시스템 규격서, 시스템 및 구성품(SW/HW) 요구사항 명세서, 설계서/도면, 소프트웨어 소스코드, 각종 시험절차서 등이 해당된다.

- **형상기준선/베이스라인**(Configuration Baseline): 형상 항목(CI)에 대해 특정 시점에 이해관계자와 공식으로 합의(point of agreement) 하고 관리하는 기준 상태를 말한다. 형상기준선이 설정된 이후부터는 해당 형상 항목(산출물)은 공식적인 변경 관리 절차를 통해서 변경이 가능하다. 형상기준선 설정 시점은 프로젝트의 특성 및 시스템 개발 수명주기에 따라 다르겠지만, 방산 분야에서는 일반적으로 **기능 형상기준선**(Functional Baseline, FBL), **할당 형상기준선**(Allocated Baseline, ABL), **설계 형상기준선**(Design Baseline, DBL), **제품 형상기준선**(Product Baseline, PBL) 등으로 구분하고, 민수분야에서는 요구사항, 설계, 제작/구현, 시험, 릴리즈 기준선으로 구분하기도 한다.

표 3.2 형상기준선과 형상 항목(예시)

| 형상기준선<br>(Baseline) | 설정 시기 | 주요 형상항목 (예시) |
|---|---|---|
| 기능 형상기준선<br>(FBL) | 요구사항 검토회의(SRR/SFR) 후 | - 시스템 규격서<br>- 시스템 요구사항 명세 |
| 할당 형상기준선<br>(ABL) | 예비설계 검토회의(PDR) 후 | - 시스템 설계 기술서<br>- 인터페이스 요구사항 명세서<br>- 소프트웨어 요구사항 명세서<br>- 하드웨어 요구사항 명세서 |
| 설계 형상기준선<br>(DBL) | 상세설계 검토회의(CDR) 후 | - 소프트웨어 설계 기술서<br>- 하드웨어 설계 기술서<br>- 데이터베이스 설계서<br>- 인터페이스 설계 기술서<br>- 도면, 회로도<br>- 부품목록(Part List/BOM)<br>- 제작/조립 절차서<br>- 구성품/완성품 시험절차서 |
| 제품 형상기준선<br>(PBL) | 시험평가준비 검토회의(TRR) 후<br>(또는 규격화/인도 후) | - 소스코드/라이브러리<br>- 도면/도면목록, 회로도<br>- 부품목록(Part List/BOM)<br>- 품질보증요구서 (QAR) |

- **형상 통제**(Configuration Control): 형상통제위원회(Configuration Control Board: CCB)에서 발생된 형상(기술)변경 요청 사항을 검토하여 변경을 수용할 것인가 보류, 기각할 것인가를 결정하는 활동을 말한다. 형상통제위원회(CCB)는 프로젝트관리자, 고객, 협력업체(필요시), 하드웨어, 기구, 소프트웨어 등 분야별 개발자, 생산 및 품질 관리자 등으로 구성될 수 있으며, 주요 역할은 형상 변경에 따른 프로젝트에 미치는 영향성을 식별, 검토하는 업무이다.
- **형상확인**(Configuration Audit): 프로젝트 생명주기 동안 형상 항목의 무결성을 보장하기 위해 형상관리 활동의 적절성을 확인하는 것이다. 형상확인은 일반적으로 형상기준선 확인(CBA), 기능적 형상확인(FCA), 물리적 형상확인(PCA)으로 구분하며, 형상기준선 확인은 개발 기간 중에 실시하고, 기능적 형상확인과 물리적 형상확인은 제품의 개발 및 검증이 완료된 이후에 실시한다.
- **형상기준선 확인**(Configuration Baseline Audit, CBA): 형상기준선 설정 시점에 형상관리 계획과 절차에 따라 형상관리 활동이 적절하게 수행되고 형상 항목의 무결성이 유지되고 있는지를 확인하는 활동
- **기능적 형상확인**(Functional Configuration Audit, FCA): 요구사항이 모두 시험(pass)되었는가에 대해 확인하는 활동
- **물리적 형상확인**(Physical Configuration Audit, PCA): 형상 항목(산출물) 내용과 최종 제품과의 일치성을 확인하는 활동

■ 프로세스 수행 활동과 작업산출물

| 수행활동(Activity) | 작업산출물(Work Product) | 비고 |
|---|---|---|
| 형상관리 계획 수립 | - 형상관리 계획서(형상관리 조직, 형상항목 목록 및 형상기준선, 형상(변경)관리절차 및 도구, 저장소, 형상확인, 형상상태 보고 등)<br>- 형상관리시스템 | 프로젝트관리계획서에 포함가능 |
| 형상식별 및 형상기준선 설정 | - 형상항목(작업산출물)<br>- 형상기준선 정의서 | 개발 단계별 형상기준선 |
| 형상 통제 | - 형상변경(기술변경) 요청서<br>- 갱신된 형상항목<br>- 형상변경관리 대장(형상 변경요청내용, CCB 영향성 검토 결과 등) | CCB(형상통제위원회) |

| 형상확인 | - 형상확인 계획서 및 체크리스트<br>- 형상확인 결과서 및 조치 결과 | |
|---|---|---|
| 형상 상태 기록 및 공유 | - 형상상태 보고서(기준선 설정 현황, 형상 변경이력 및 상태, 형상확인 조치 현황 등) | 주간/월간보고서에 포함 가능 |

### 3.2.8 협력업체 계약이행 관리 프로세스(Suppliers Agreement Process)

■ **프로세스 개요**

협력업체 계약이행 관리 프로세스의 목적은 획득자와 공급업체와 상호 성공 가능성을 극대화하기 위해 적격한 협력업체 선정 및 계약 체결과 계약 기간 동안 협력업체의 활동을 관리하는 것이다.

외주 조달 및 구매는 일반적으로 단일 공급자(Single Source) 즉, 여러 후보 공급자 중 1개 업체를 평가, 선정하여 조달하는 경우가 대부분이다. 하지만, 시장에 해당 제품이나 기술을 제공할 수 있는 공급자가 특허, 독점 권리, 유일한 생산 설비, 특정 인증 필요 등의 이유로 오직 하나뿐인 공급자(Sole source) 또는 해외업체를 통해 조달해야 할 경우에는 계약체결 시 예상되는 여러 가지 리스크를 식별하고 대응 방안을 마련해야 한다. Sole source(유일 공급자)와 계약 시, 예상되는 주요 리스크는 아래와 같은 내용이 될 수 있다.

표 3.3 외부조달에 따른 리스크

| 리스크 | 내용 | 대응 방안 |
|---|---|---|
| 가격 경쟁력 부재 | - 경쟁 입찰이 없어 시장 가격 대비 과도한 금액이 책정될 가능성(공급자가 가격 인상에 유리한 위치)<br>- 장기 계약 시 가격 인상 요인을 통제하기 어려움 | 시장조사 및 원가검증 |
| 계약 협상력 약화 | - 발주처의 협상력이 떨어져 불리한 계약 조건 수용 가능성(예: 유지보수비 과다, 불리한 대금 지불 조건 등) | 계약조항 강화 및 명확화 |
| 품질 관리의 어려움 | - 대체 공급자 부재로 품질 불량 시 대체 조달 불가<br>- 공급자가 품질 개선에 적극적이지 않을 가능성<br>- 계약상 품질 요구사항을 명확히 하지 않으면 낮은 품질 유지 위험 | 구체적인 품질요구사항 제시 및 정기적 품질현황 점검 |

| 납기 지연 | - 공급 중단 또는 생산 지연 시, 대체 공급망 부재로 프로젝트 전체 일정 지연<br>- 재고 확보나 긴급 생산 대응이 어려움 | 관련 부품의 규격 변경 등으로 공급자 확보 |
|---|---|---|
| 종속성 증가 | - 특정 업체에 지나치게 의존하면 기술·운영 주도권 상실<br>- 기술 축적 기회 상실 | 장기적 관점에서 기술 내재화(기술이전 및 자체개발) |

■ 프로세스 수행 활동과 작업산출물

| 수행활동(Activity) | 작업산출물(Work Product) | 비고 |
|---|---|---|
| 외주 범위식별 및 획득방법 결정 | - 외주대상 품목 및 획득방법<br>- 외주범위기술서(Statement of Works)<br>- 납품 품목 리스트 | |
| 잠재 후보 협력업체 식별 및 평가 | - 잠재 협력업체 후보 리스트<br>- 외주범위기술서(Statement of Works)<br>- 잠재 협력업체 평가 기준<br>- 잠재 협력업체 평가 결과서 | 평가기준: 경영, 기술, 품질, 가격 등 |
| 협력업체 선정 및 계약체결 | - 선정된 협력업체 리스트<br>- 협력업체 표준 계약서 및 관련 문서 | |
| 협력업체 작업성과 및 산출물 기술검토 | - 작업성과(일정진척율, 작업산출물 등)<br>- 산출물 및 기술검토 결과서 | |
| 협력업체 계약이행 모니터링 | - 협력업체 계약이행 진행 상태<br>- 주요 리스크/이슈/액션아이템 현황 및 조치 결과<br>- 정기적 협력업체 성과 평가 | 정기적 모니터링 (주간보고서, 회의록 등) |
| 협력업체 제품 인수 | - 인수시험 계획/절차서<br>- 인수시험 결과서(시험성적서)<br>- 시정조치 결과서 | |

### 3.2.9 품질보증 프로세스(Quality Assurance Process)

■ **프로세스 개요**

품질보증 프로세스의 목적은 프로젝트에서 수행한 프로세스와 그에 따른 작업산출물의 품질을 검토하고 개선하는 것이다. 품질보증(QA) 활동은 작업산출물이 요구사항에 부합되는지를 객관적으로 검토, 평가하여 최종제품에 대한 선행 품질을 확보하고 프로세스에 따라 올바른 제품이 개발되고 있음에 대한 가시성 확보를 통해 의사결정의 적시성을 제공하기 위한 활동이다. 자장면을 만드는 과정(공정)을 신뢰할 수 없다면, 당신은 그 음식점의 자장면을 사 먹을 것인가? 제품 개발 프로세스가 확보되지 않으면, 고객이 요구하는 최종제품의 품질을 신뢰할 수 없기에 선진기업은 품질보증(QA) 활동에 집중하고 있다.

품질경영(Quality Management)은 크게 품질기획(Quality Planning), 품질보증(Quality Assurance), 품질관리(Quality Control) 영역으로 구분할 수 있다.

- **품질기획**(Quality Planning: QP): 품질목표를 수립하고, 품질목표를 달성하기 위해 필요한 운영 프로세스 및 관련 자원을 규정하는데 중점을 둔 활동 (예: 품질시스템구축 및 평가, 개선 및 교육 등)
- **품질보증**(Quality Assurance: QA): 고객 요구사항이 충족될 것이라는 확신을 제공하는데 중점을 둔 활동 (예: 품질감사, 동료검토 등)
- **품질관리**(Quality Control: QC): 고객 요구사항의 충족 여부 확인 하는데 중점을 둔 활동 (예: 검사, 시험 등)

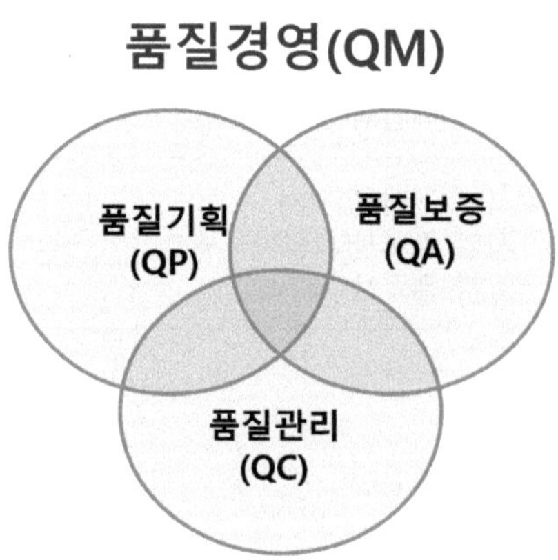


그림 3.5 품질경영 기능요소

표 3.4 품질보증(QA)과 품질관리(QC)의 비교

| 구분 | 품질보증(QA) | 품질관리(QC) |
|---|---|---|
| 정의 | 프로젝트 프로세스 및 작업산출물이 요구사항과 정의된 절차, 표준에 부합하는지를 객관적으로 검토, 평가하여, 최종제품에 대한 선행 품질을 확보하기 위한 계획적인 활동 | 최종제품의 기능성, 신뢰성, 사용성, 유지보수성, 안전성 등에 대한 적합 여부를 검증/확인(V&V)하는 일련의 활동 |
| 목적 | 조기(Early Phase)에 잠재결함 제거 및 결함 예방조치와 프로세스 개선 | 제품의 합부(合不) 판정과 시정조치 |
| 초점 | - 제품개발 과정(Process Quality)<br>- 선제적 활동(Proactive) | - 개발제품 품질(Product Quality)<br>- 반응적 활동(Reactive) |

■ 프로세스 수행 활동과 작업산출물

| 수행활동(Activity) | 작업산출물(Work Product) | 비고 |
|---|---|---|
| 품질보증계획 수립 | - 프로젝트 품질보증 계획서<br>(품질보증활동 범위, 품질보증 조직, 품질감사 계획, 부적합 시정조치 처리 절차 등) | |
| 품질감사 | - 프로젝트 품질감사 실행 계획서<br>- 품질감사 체크리스트<br>- 부적합사항 및 개선기회 | 주요 개발단계별 품질감사 |
| 품질감사 결과 보고 | - 품질감사 결과 보고서<br>- 부적합 시정조치 요구서 | 프로젝트관리자 및 경영층 보고 |
| 부적합 시정조치 관리 | - 부적합 시정조치 결과서<br>- 부적합 관리 대장 | |

### 3.2.10 동료검토 프로세스(Peer Review Process)

■ **프로세스 개요**

분석, 설계 단계에서 발견된 결함을 조치하는데 1이 비용이 든다면, 구현/제작 단계에서는 10의 비용이 들고, 시스템 운영 단계에서는 100의 비용이 발생한다는 1:10:100 법칙이 있다. 동료검토(Peer Review, PR)는 시스템 개발 과정에서 생성되는 작업산출물(요구사항 및 설계 문서, 소프트웨어 코드, 시험문서 등) 에 대해 유사한 분야의 전문가들이 작업산출물 내용의 오류, 결함, 누락, 비일관성 등을 조기에 발견하고 개선하는 활동이다.

동료검토 유형에는 공식적(Formal)인 절차에 의해 수행되는 인스팩션(Inspection)과 비공식적으로 수행하는 워크스루(Walkthrough)가 있다. 본 장에서는 인스펙션에 의한 동료검토 활동을 중심으로 설명한다. 동료검토를 수행해야 할 대상 산출물은 프로젝트 계획 수립 단계에서 식별하여 동료검토 수행 시기와 함께 프로젝트 계획서에 포함하는 것이 좋다.

품질감사는 독립적인 품질보증 담당자가 수행하는 품질 활동이라면, 동료검토는 개발자가 수행하는 품질 활동이다. 동료검토의 효과는 조기(해당 단계)에 결함을 제거하여 다음 단계로의 결함 주입(Injection)을 방지하고 재작업(Rework) 비용을 감소하며, 프로젝트팀원 간의 기술적 의사소통의 기회를 가질 수 있다.

동료검토에는 아래와 같은 몇 가지 수행 원칙을 따르는 것이 좋다.

표 3.5 동료검토 수행 원칙

| 원칙 | 설명 |
|---|---|
| 독립성 | 동료검토는 작성자와 독립된 검토자가 수행해야 객관성을 확보할 수 있음 (작성자가 자신의 산출물을 검토하면 결함을 놓칠 가능성이 높음) |
| 조기 수행 | 산출물이 완성된 후가 아니라, 초기 단계(Early Phase) 에서 수행하여 결함을 조기 발견함 (1:10:100 Rule의 관점에서 비용 절감 효과 극대화) |
| 공식적이고 체계적인 절차 | 사전에 수행 절차, 역할(작성자, 검토자, 진행자, 기록자 등), 체크리스트를 정의하고 이를 준수 |
| 철저한 준비 활동 | 동료검토 효율성을 높이기 위해 각 검토자는 사전에 자료를 충분히 검토하고 체크리스트를 통해 오류를 발견함 |
| 결함 발견 중심 | 검토의 목적은 결함 발견이지 수정이나 책임 추궁이 아님<br>→ 동료검토 회의에서 수정 토론보다는 문제를 발견하고 기록하는 데 집중 |

| 메트릭 수집 및 피드백 | 발견된 결함의 수, 유형, 심각도, 위치 등의 데이터를 정량적으로 수집, 분석하여 향후 프로세스 개선에 활용 |
|---|---|
| 지속적 개선 | 동료검토 결과를 분석하여 조직의 품질관리 프로세스 개선에 반영 (반복적 학습을 통해 점진적으로 결함 발생을 예방) |

■ **프로세스 수행 활동과 작업산출물**

| 수행활동(Activity) | 작업산출물(Work Product) | 비고 |
|---|---|---|
| 검토 준비 | - 동료검토 대상 산출물 및 검토 체크리스트<br>- 검토 참여자 역할 (검토자, 조정자 등) | |
| 개별 검토 | - 사전 개별 검토 결과서 | |
| 검토 회의 | - 동료검토 결과서<br>(결함 내용 및 위치, 결함 유형과 심각도, 회의시간, 검토 크기(Page 수), 참여자 등) | 회의록 또는 표준 양식 사용 |
| 결함 수정 | - 결함 수정 결과 | 결함 수정 후, 필요시 재검토 |
| 종료 | - 동료검토 데이터 측정분석<br>- 교훈 학습(Lessons Learned) | 동료검토 효율성<br>동료검토 효과성 |

## 3.2.11 요구사항 관리 프로세스(Requirement Management Process)

■ **프로세스 개요**

요구사항 관리 프로세스의 목적은 정의된 요구사항에 대해 이해관계자의 검토, 합의가 완료된 이후, 개발, 설계, 테스트, 배포 및 운영까지 요구사항이 올바르게 구현되고 유지되는지 지속적으로 확인하고 관리하는 것이다. 요구사항은 시스템 개발 수명주기 동안 요구사항 변경을 통제, 관리하고 요구사항의 추적성(Traceability)을 확보하여 요구사항의 일관성과 최신성을 유지해야 한다.

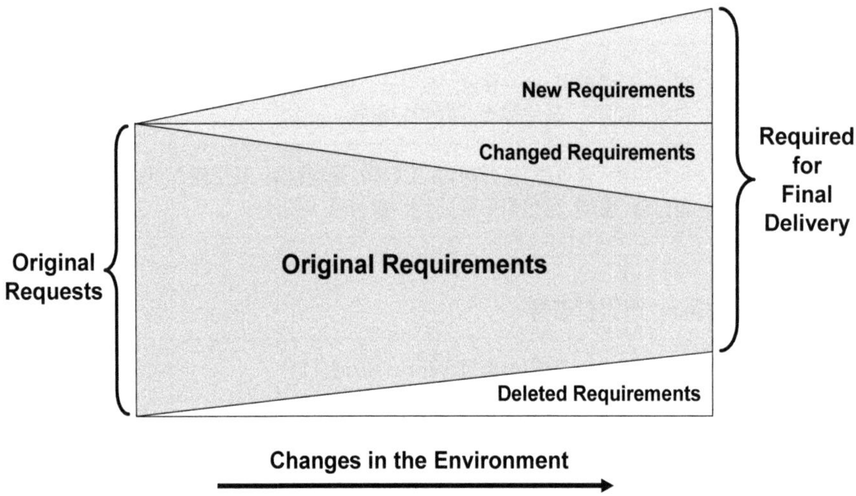


그림 3.6 시스템 개발 수명주기에서 요구사항의 변경

**요구사항 변경**(Requirement Change)은 특히, 시스템 요구사항의 변경은 시스템 개발 수명주기 전체에서 발생할 수 있으며, 일반적으로 프로젝트 초기에 많이 발생한다. 변경된 요구사항은 언제 무엇이 어떻게 변경되었는지를 요구사항별로 변경이력을 기록, 관리해야 한다. 특히, 요구사항 형상기준선 설정, 배포 이후부터는 요구사항 변경이 프로젝트 목표 달성에 미치는 영향성을 관련 이해관계자와 충분히 검토하고 변경을 철저히 통제, 관리해야 한다.

요구사항 변경관리 절차는 프로젝트관리 계획서나 형상관리 계획서에 포함하여 작성하며, 주요 내용으로는 요구사항 변경 제안 요청, 변경 요청사항에 따른 프로젝트 영향성 검토, 요구사항 변경 및 변경 사항 배포, 변경 이력관리 절차 등이다. 요구사항은 프로젝트 성공과 실패에 매우 큰 영향을 주기 때문에 요구사항 문서는 반드시 형상 항목(Configuration Item)으로 지정하고 프로젝트 수명주기 동안 요구사항에 대한 변경 통제 관리를 해야 한다.

**요구사항 추적**(Requirement Traceability)은 이해관계자 요구사항 모두가 시스템, 서브시스템, 구성품 요구사항으로 도출되었고, 모든 구성품 요구사항은 설계, 구현 및 시험 되었음을 보장하는 것이다. 즉, 상위 요구사항과 하위 요구사항 간의 추적 관계 그리고 요구사항과 분석, 설계, 구현, 시험단계의 작업산출물과의 추적 관계를 유지해야 한다. 요구사항 추적 관리는 고객 요구사항이 시스템으로 실현되어 가는 진척도를 쉽게 파악할 수 있으며, 특정 요구사항 변경에 따른 프로젝트 영향성을 파악하는데 용이하다. 일반적으로 요구사항 추적 관계는 요구사항 추적 매트릭스 문서로 작성해서 관리하며, 대형 프로젝트에서는 요구사항 관리 도구(ALM)를 활용하는 것을 적극 권장한다. 요구사항 추적 분석에는 아래 3가지로 유형이 있다.

- **영향 분석**(Impact Analysis): 이 요구사항이 변경되면 어디에 영향을 미치는가?
- **도출 분석**(Derivation Analysis): 왜 이것이 여기에 있으며(근원), 요구사항은 모두 도출되었는가?
- **범위 분석**(Coverage Analysis): 모든 요구사항이 하부계층에서 모두 다루고 있는가?

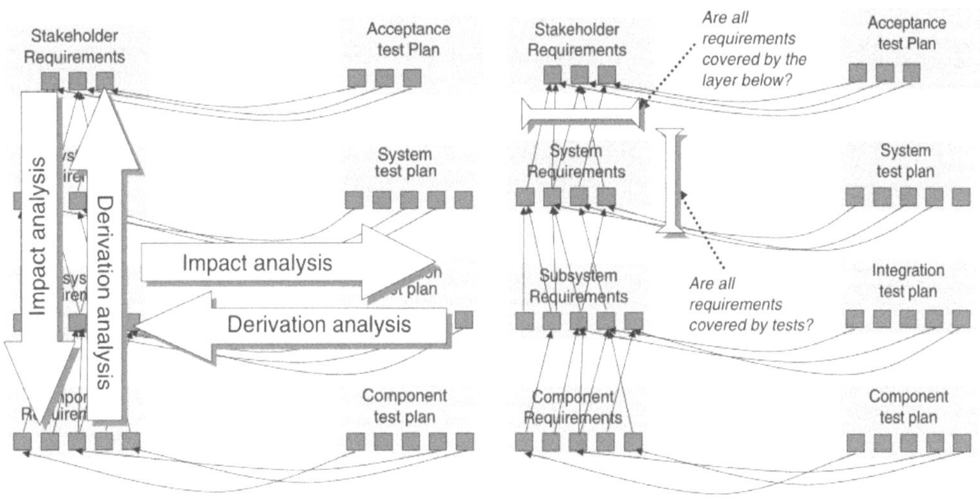


그림 3.7 요구사항 추적 분석의 유형

■ **프로세스 수행 활동과 작업산출물**

| 수행활동(Activity) | 작업산출물(Work Product) | 비고 |
|---|---|---|
| 요구사항 분류 및 기록 | - 요구사항 및 속성(요구사항 유형, 식별자, 출처, 내용, 검증방법, 우선순위 등)<br>- 요구사항 관리 도구 | 기능, 성능, 품질, 인터페이스, 환경, 제약 요구사항 등 |
| 요구사항 추적성 유지 | - 요구사항 추적 체계(상/하위 요구사항 간 추적, 요구사항과 산출물 간 추적)<br>- 요구사항 추적 메트릭스(RTM) | |
| 요구사항 변경관리 | - 요구사항 변경절차<br>- 요구사항 변경관리 대장 | 형상관리 프로세스와 연계 |
| 요구사항 상태 관리 및 공유 | - 요구사항 상태(요구사항 확정/릴리즈 여부, 요구사항 변경이력 등) | |

### 3.2.12 이해관계자 요구사항 정의 프로세스(Stakeholder Requirement Define Process)

■ **프로세스 개요**

이해관계자 요구사항 정의 프로세스의 목적은 시스템 개발 요구사항을 도출하기 위해 시스템을 사용할 사람이나 영향을 받는 사람의 다양한 관점에서 기대사항, 제약조건 등을 파악하고 프로젝트의 목표와 방향에 대해 모든 이해관계자와 같은 관점을 가지기 위함이다.

이해관계자 요구사항은 시스템을 어떻게(How) 개발하는지, 시스템이 어떻게 작동하는지에 대한 내용보다는 시스템이 완성되고 난 후, 시스템을 누가, 언제, 어떻게 사용(운용)하는지를 시연하는 시나리오 형대로 작성한다. 이해관계자 요구사항은 아래의 3가지의 요구사항 출처(Source)들에서 도출할 수 있다.

- **이해관계자**(stakeholders): 시스템의 요구사항에 직/간접으로 영향을 주는 사람 또는 조직(예: 고객, 사용자/운용자, 개발자, 아키텍트, 고객, 시험자 등)
- **문서**(documents): 법률 문서, 표준서 같이 공통으로 사용되는 문서 또는 요구사항 문서, 기존 시스템의 오류 보고서 등 특정 분야 및 조직 고유의 문서
- **운용 중인 시스템**(systems in operation): 기존 시스템, 선행 시스템 또는 경쟁 시스템 등 이해관계자가 시험, 사용해 볼 수 있는 기회가 있어 거기에서 얻은 내용을 바탕으로 어떤 변경 또는 확장 요구사항

이해관계자는 중요한 요구사항 출처(Source) 중 하나이며, 관련 이해관계자 식별은 시스템엔지니어링의 핵심 업무이다. 시스템 엔지니어는 서로 다른 이해관계자들로부터 부분적으로 상충할 수 있는 요구사항들을 수집(gathering), 문서화(document), 균형 유지(Balancing) 및 통합(consolidate)한다. 특정 이해관계자를 누락시키거나, 그의 요구사항을 고려하지 않을 경우, 프로젝트에 부정적인 영향을 끼친다. 이러한 무시된 요구사항은 늦으면 시스템이 운용 단계에 들어간 뒤 변경 요청의 형태로 나타날 수도 있으며, 이러한 문제를 소급하여 해결하려면 많은 추가적인 노력과 비용이 요구된다. 또한, 이해관계자 요구사항의 우선순위를 정할 때는 **MoSCoW**(Must Have, Should Have, Could Have, Won't Have)라는 간단한 방법론을 적용하기도 한다.

- Must have: 치명적이고 시급성이 있는 꼭 필요한 기능
- Should have: 매우 중요 하지만 시급성이 Must have 대비 낮은 기능
- Could have: 있으면 좋겠지만 꼭 있어야 할 필요는 없는 기능
- Won't have: 가장 덜 중요하고, 효과도 미미한 기능

**카노 모델**(Kano Model)은 제품이나 서비스의 품질 특성을 분석하여 고객 만족도를 예측하고, 이를 통해 제품개발 및 서비스 개선 전략을 수립하는 데 사용되는 기법이다. 이 모델은 제품개발 초기 단계에서 고객 조사를 통해 제품의 품질 특성을 파악하고, 이를 기반으로 제품개발 및 개선의 우선순위를 정하거나 기존 제품의 품질 문제점을 분석하고 개선 방향을 설정하는 데 유용하다. 카노 모델은 제품이나 서비스의 다양한 요소가 고객 만족에 미치는 영향을 아래의 5가지 품질 특성으로 분류한다.

- **매력적 품질**(Attractive Quality): 충족되었을 경우 민족하지만 충족되지 않더라도 크게 불만족하지 않음
- **일원적 품질**(One-dimensional Quality): 고객 만족도와 비례하는 요소로써, 충족될수록 만족도가 높아지고, 충족되지 않으면 불만족으로 나타남
- **당연적 품질**(Must-be Quality): 고객이 당연하게 여기는 기본적인 요구사항으로 충족되지 않으면 불만족하지만, 충족되어도 큰 만족을 얻지는 못함
- **무관심 품질**(Indifferent Quality): 품질 수준에 따라 고객 만족도에 큰 영향을 미치지 않는 요소.
- **역품질**(Reverse Quality): 충족될수록 고객의 불만을 야기하는 요소

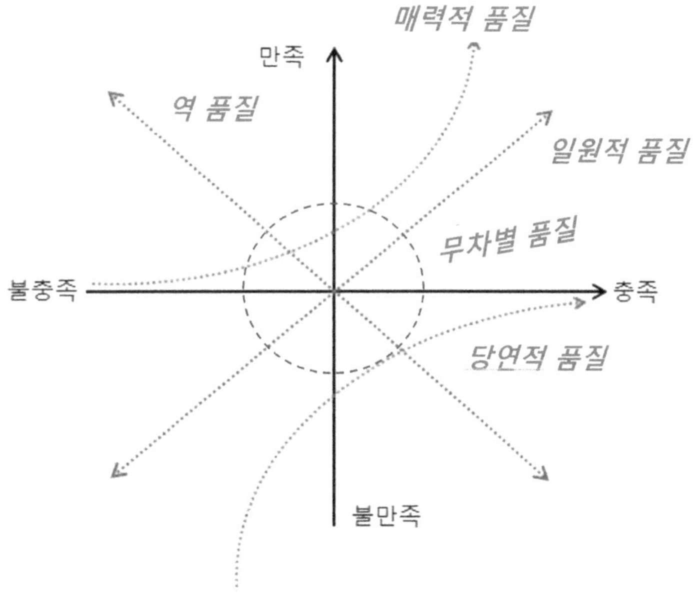


그림 3.8 카노 모델(Kano Model)

■ 프로세스 수행 활동과 작업산출물

| 수행활동(Activity) | 작업산출물(Work Product) | 비고 |
|---|---|---|
| 이해관계자 요구사항 수집 | - 이해관계자 목록<br>- 이해관계자 요구사항 | 인터뷰,자료조사,설문조사, 브레인스토밍,관찰 등 |
| 이해관계자 요구사항 분석 및 정제 | - 정제된 이해관계자 요구사항 | 유즈케이스 등 모델링 기법 |
| 이해관계자 요구사항 명세화 | - 시스템 운용 개념서(OCD)<br>- 이해관계자 요구사항 정의서 | 요구사항의 유형, ID, 내용, 출처 등 |
| 요구사항 검토 및 확인 | - 요구사항 검토 체크리스트<br>- 요구사항 검토 결과서 | 동료검토(PR),<br>공식검토(SRR) |
| 요구사항 관리 | - 요구사항 변경관리 절차<br>- 이해관계자 요구사항 변경이력<br>- 요구사항 추적 매트릭스(RTM) | 형상관리 프로세스와 연계 |

### 3.2.13 시스템 요구분석 프로세스(System Requirement Analysis Process)

■ 프로세스 개요

시스템 요구분석 프로세스의 목적은 이해관계자의 요구를 충족시키기 위한 구체적인 시스템 수준의 요구사항을 도출하고 분석하는 것이다. 시스템이 무엇을 해야 하는가(기능 요구사항)와 품질이나 제약조건은 무엇인가(비기능 요구사항)를 분석한다.

요구사항(Requirements)은 이해관계자가 원하는(Needs, Wants) 어떤 것을 기술한 내용(Statement) 또는 특성(Characteristic)으로써, 프로젝트 이해관계자 간의 의사소통의 수단이며, 계약적 효력이 있는 문서이다. 프로젝트 핵심 성공 요인을 분석한 Mohd Hairul Nizam Nasir 외1 의 논문에 의하면 프로젝트 성공 요인의 1순위가 "명확한 요구사항과 규격(Clear requirements and specifications)"이다. 불명확하고 일관되지 않은 요구사항은 프로젝트 수행 중에서 이해관계자 간 분란과 재작업(Rework) 발생 및 납기 지연 등을 초래하게 된다.

요구사항은 이해관계자 요구사항과 시스템 요구사항으로 구분하며, 시스템 요구사항은 시스템의 규모에 따라 복수의 부(Sub) 시스템 요구사항으로 정의되고, 부 시스템 요구사항은 다시 여러 구성품 요구사항으로 정의되어 요구사항 스펙 트리(Spec. Tree)를 형성한다. 요구사항은 제품의 기능과 비기능이 어떤 제약조건(constraints)에서 얼마나(how), 잘(well) 수행되어야 하는가를 정의하며, 프로젝트 원가, 일정, 설계, 요구되는 기술과 지식, 검증 및 확인, 운영 절차 등의 모든 것을 주도한다.

하지만, 일부 개발 현장에서는 요구사항이 무엇(What)인지에 대해 이해관계자와 충분한 검토와 합의가 있기도 전에 문제를 해결(How)하기 시작한다는 것에 놀라지 않을 수 없다. 요구사항은 프로젝트 초반부에 문서화하고 이해관계자와 요구사항의 그 내용과 의미에 대해 반드시 검토(Review), 합의(Agreement) 되어야 하며, 프로젝트 기간 중에 지속적으로 변경 통제를 관리해야 한다.

이해관계자 요구사항은 비기술적, 추상적 수준으로 표현하는 것에 비해, 시스템 요구사항은 요구사항의 품질 속성을 충족할 수 있게 기술적으로 표현하며, 이것은 설계, 개발 및 검증과 확인의 기준이 된다. 요구사항 명세 품질을 확보하기 위해 요구사항 작성 템플릿(template)을 활용하는 것을 권장하며, 요구사항 검토할 때도 요구사항의 품질 속성에 초점을 두고 요구사항이 정확하고 완전한지 등을 검토하는 것이 바람직하다.

(요구사항 작성 형식 템플릿 예시)

〈이해관계자(무기오퍼레이터)〉는 〈운영조건(극심한 바다환경)〉에서 〈사건(레이더 포착시)〉에 〈성과범위(3초)〉 내에 〈능력(미사일 발사)〉을 수행할 수 있어야 한다.

〈시스템(통신시스템)〉은 〈운영조건(외부전원이 없는 상태)〉에서 반드시 〈용량(10명)〉 이상의 〈객체(호출자)〉와 〈기능(지속적인 전화 접속)〉을 해야만 한다.

표 3.6 요구사항 품질속성

| 품질 속성 | 설명 |
| --- | --- |
| 원자성 (Atomicity) | 요구사항이 하나의 행동, 기능, 조건 또는 목표만을 나타내고, 여러 개의 요구사항이 섞여 있지 않아야 한다. |
| 완전성 (Completeness) | 요구사항이 시스템이나 제품의 모든 기능과 제약조건을 포함하고 있어야 한다. |
| 정확성 (Correctness) | 요구사항이 시스템의 기능, 성능, 제약 조건 등을 이해관계자의 필요와 기대에 맞게 정확히 기술해야 한다. |
| 명확성 (Clarity) | 더 이상의 부연 설명과 모호함 없게 하나의 해석만으로 이해될 수 있어야 한다. |

| 일관성 (Consistency) | 다른 요구사항과 모순되거나 중복되지 않고 논리적으로 일치 해야 한다. |
|---|---|
| 간결성 (Conciseness) | 짧고 명확하며 핵심적인 내용만 포함되어 있어, 이해관계자가 쉽게 이해하고 혼동 없이 해석할 수 있어야 한다. |
| 검증가능성 (Verifiability) | 요구사항의 충족 여부를 검사, 분석, 시뮬레이션, 테스트 등을 통해 확인가능해야 한다. |
| 추적성 (Traceability) | 상·하위 요구사항간, 요구사항과 분석,설계,시험 간의 추적성이 확보되어야 한다. |
| 설계 독립성 (Design Independence) | 요구사항은 구현 기술이나 구체적 설계 방법에 종속되지 않고, 시스템의 목표와 기능을 정의해야 한다. |

요구사항은 시스템 개발 전체 수명주기에 여러 가지 검증(Verification)을 통해 실현해 나간다. 일반적으로 검증의 방법으로는 아래의 5가지 방법이 있다.

- **분석**(Analysis): 특정 요구사항을 충족할 수 있는지 확인하기 위해 일반적으로 인정되는 분석 기술을 사용하여 데이터의 평가하는 방법 (예: 아날로그 모델링, 컴퓨터 및 하드웨어 시뮬레이션 등)
- **검사**(Inspection): 표준 품질관리 방법을 사용하여 특별한 실험 절차나 장비 없이 도면, 데이터 또는 항목 자체를 육안 검사를 통해 요구사항 준수 여부를 결정하는 방법 (예: 문서 동료검토 등)
- **시연**(Demonstration): 테스트 품목의 작동, 조정 또는 재구성을 통해 시스템 또는 구성품 요구사항에 대한 적합성을 결정하는 방법 (예: 인체공학적 특징, 서비스, 접근 기능 및 운반성 같은 시스템 특성 검증)
- **시험**(Testing): 특수 장비, 계측, 시뮬레이션 기법 또는 수립된 계획과 절차의 적용과 같은 기술적 수단을 사용하여 시스템 또는 시스템 구성 요소의 평가를 통해 요구사항 준수를 결정하는 방법
- **인증**(Certification): 시스템이나 제품이 특정 표준, 규정, 법적 요구사항 등을 충족했는지를 공인된 기관이 공식적으로 확인하고 증명에 의한 방법 (예: KOLAS인증 등)

요구조건을 충족하는지를 검증하기 위해서 요구분석 활동과 함께 기능 분석(Functional Analysis) 활동을 반복적으로 수행한다. 기능 분석을 수행하는 이유는 (1) 시스템이 요구사

항을 충족하기 위해 수행해야 하는 모든 기능을 도출하기 위해, (2) 시스템의 기능 및 성능을 정의하고 상위수준의 요구조건이 충족되는지를 검증하는 즉, 요구사항 할당(Allocation)을 위해, (3) 편익성 있는 절충연구(Trade-off study)을 수행하기 위해서이다.

**기능 분석**(Functional Analysis)은 시스템이 성공하기 위해 수행해야 하는 기능을 식별하고 기능과 기능 간의 흐름 및 관계를 설정하는 활동이다. 기능 분석은 시스템 수명주기의 초기 단계에서 시스템이 수행해야 하는 최상위(top-level) 기능들을 식별하고 이러한 기능이 수행되어야 하는 주체, 수행주기 및 빈도, 그리고 어떤 운영 개념 및 환경 조건에서 수행되는지 등을 다룬다.

**시스템 요구사항 검토회의**(System Requirement Review, SRR)는 이해관계자 요구사항이 시스템 개발을 위한 시스템 요구사항으로 일관성 있고 정확하게 반영되었는지 검토하고 시스템 설계 단계로 진입이 가능한지를 확인, 결정하는 공식적인 기술검토 회의다. 프로젝트 특성에 따라 다르겠지만, 일반적으로 시스템 요구사항 검토회의(SRR) 후, 즉, 시스템 요구사항이 확정된 이후에는 시스템 요구사항과 기능에 대한 형상기준선을 설정, 배포하고 프로젝트에서 정의된 형상 변경 통제 절차에 따라 시스템 요구사항을 관리한다.

▪ **프로세스 수행 활동과 작업산출물**

| 수행활동(Activity) | 작업산출물(Work Product) | 비고 |
|---|---|---|
| 시스템 요구사항 개발 및 분석 | - 시스템 규격서<br>- 시스템 요구사항 명세서 | |
| 시스템 기능 분석 | - 기능 아키텍처<br>- 기능 흐름 다이어그램 | |
| 시스템 요구사항 검토 (SRR) | - 시스템 요구사항 검토 결과서<br>- 요구사항 추적표(RTM: Requirements Traceability Matrix) | 동료검토(PR),<br>공식검토(SRR) |
| 기능형상 기준선 설정 및 배포 | - 기능 형상기준선(FBL)<br>- 형상항목(형상식별서)<br>- 형상항목 관리대장 | 형상관리 프로세스와 연계 |

## 3.2.14 시스템 예비설계 프로세스(System Preliminary Design Process)

■ **프로세스 개요**

시스템 예비설계 프로세스는 시스템 요구사항을 충족하는 시스템의 설계를 수행하는 활동으로써, 부 시스템(구성품)에 대해서는 상세설계 수준의 설계 및 분석이 수행될 수 있으며, 시스템 기능분석을 통해서 설정된 시스템 요구사항에 대한 설계를 확정하는 활동이다.

**요구사항 할당**(Requirements Allocation)은 상위수준의 요구사항을 하위 구성 요소나 하위 시스템에 배정하는 것을 말한다. 즉, 전체 시스템이 충족해야 할 요구사항을 세부적인 부분들로 나누고, 그것들을 기능과 성능에 할당하고 구성품(모듈, 부 시스템, 하드웨어, 소프트웨어 등)에 할당하여 시스템 요구사항을 구현가능하게 만드는 활동이다. 구성품에 할당된 시스템 요구사항은 해당 구성품 개발 요구사항(소프트웨어 및 하드웨어 요구사항)을 정의하고 예비설계를 수행한다.

요구사항 할당의 목적은 (1) 각 요구사항을 실제 구현할 수 있도록 상세화하고 분배하여 구현 가능성 확보하기 위해, (2) 상위 요구사항이 어떤 하위 구성 요소에서 구현되는지 추적성을 확보하기 위해, (3) 어떤 팀 또는 어떤 시스템 부분이 어떤 요구사항을 책임지는지를 명확히 하기 위함이다.

시스템 예비설계 단계에서 중요한 활동 중 하나가 시스템 요구사항을 구현하기 위한 해결책(Solution)을 선정(Select)하는 것이다. 아폴로 11호 달 탐사 프로젝트 사례에서 미국항공우주국(NASA)은 3가지 대안을 검토한 결과, 거대한 발사체를 직접 다루기보다는 달 궤도에서 랑데부(Lunar Orbit Rendezvous) 하는 방법 즉, 모선(母船)은 달 궤도에 남고, 작은 착륙선이 달에 내려갔다 올라와 도킹한 후 지구로 귀환하는 방법을 선택하였다. 문제를 해결하는 방법에는 거의 항상 여러 가지 방법(솔루션)이 있다는 것, 다시 말해, **"Design is Decision!"**이라는 것을 시스템 설계 과정에서 꼭 명심해야 할 사항이다.

시스템 예비설계 검토회의(Preliminary Design Review,PDR)는 예비설계 내용이 시스템 요구사항을 충족하며 기술적으로 실행 가능한지를 검토하고, 상세설계 단계로 진입 가능한지를 확인, 결정하는 공식적인 기술검토 회의이다. 소프트웨어 구성품에 대한 요구사항 검토는 예비설계 검토회의(PDR)에서 수행할 수 있다. 하지만, 소프트웨어 유형(Type), 규모(Size) 등에 따라 **소프트웨어 요구사항 검토회의**(Software Specification Review, SSR)를 별도로 수행하여 소프트웨어 요구사항이 명확하고 완전하며 검증 가능하게 정의되었는지를 확인하고, 소프트웨어 설계 단계로의 진입이 타당한지를 검토, 결정한다.

프로젝트 특성에 따라 다르겠지만, 일반적으로 시스템 예비설계 검토회의(PDR) 후, 요구사항 할당에 대한 형상기준선을 설정, 배포하고 프로젝트에서 정의한 형상 변경 통제 절차에 따라 시스템 요구사항의 변경 관리를 수행한다.

■ 프로세스 수행 활동과 작업산출물

| 수행활동(Activity) | 작업산출물(Work Product) | 비고 |
|---|---|---|
| 시스템 설계 및 요구사항 할당 | - 시스템 설계 기술<br>- 요구사항 할당표 | |
| 인터페이스 요구분석 및 설계 | - 인터페이스 요구사항 명세서<br>- 인터페이스 설계 기술서 | |
| 구성품 (HW/SW) 요구분석 및 정의 | - 하드웨어 요구사항 명세서<br>- 소프트웨어 요구사항 명세서 | |
| 구성품 (HW/SW) 예비설계 | - 하드웨어 예비설계서(초안)<br>- 소프트웨어 예비설계서(초안)<br>- 장납기 품목 리스트 | |
| 기술적 솔루션 분석 및 평가 | - 솔루션 대안 분석 및 평가 결과서(대안, 평가기준/방법, 평가결과, 리스크 등) | 의사결정 분석 및 해결 프로세스 참조 |
| 시스템 예비설계 검토 (PDR) | - 시스템 예비설계 검토 결과서<br>- 요구사항 추적표(RTM) | |
| 소프트웨어 요구사항 검토(SSR) (필요시) | - 소프트웨어 요구사항 검토 결과서<br>- 요구사항 추적표(RTM) | 동료검토(PR),<br>공식검토(SSR) |
| 할당 기준선 설정 및 배포 | - 할당 형상기준선(ABL)<br>- 형상항목 (형상식별서)<br>- 형상항목 관리대장 | 형상관리 프로세스와 연계 |

## 3.2.15 시스템 상세설계 프로세스 (System Detailed Design Process)

■ 프로세스 개요

시스템 상세설계 프로세스의 목적은 시스템 및 구성품 요구사항을 충족할 수 있도록 설계를 구체화하고 실현 가능한 형태로 만드는 과정이다. 상위(예비) 설계에서 정의된 아키텍처나 기능을 기반으로, 각 구성 요소(하드웨어, 소프트웨어, 인터페이스 등)에 대해 세부적인 설계 정보를 정의하여, 구현/제작을 위한 기준을 마련하도록 한다.

**시스템 상세설계 검토회의**(Critical Design Review, CDR)는 상세설계 내용이 시스템 요구사항을 충족하며 기술적으로 실행 가능한지를 검토하고, 제작/구현, 시스템 통합 및 시험 단계로 진입 가능한지를 확인, 결정하는 공식적인 기술검토 회의이다.

■ 프로세스 수행 활동과 작업산출물

| 수행활동(Activity) | 작업산출물(Work Product) | 비고 |
|---|---|---|
| 구성품(HW/SW) 상세설계 | - 하드웨어 상세 설계서<br>- 하드웨어 도면, 회로도, PCB, BOM 등<br>- 소프트웨어 상세 설계서 | |
| 기술적 솔루션 분석 및 평가 | - 솔루션 대안 분석 및 평가 결과서(대안, 평가 기준/방법, 평가결과, 리스크 등) | 의사결정 분석 및 해결 프로세스 참조 |
| 부품 구매의뢰 | - 장납기 품목 리스트<br>- 자재목록(BOM)<br>- 구매 의뢰서 | |
| 구성품 시험계획 수립 | - 하드웨어 시험 계획 및 절차서<br>- 소프트웨어 시험 계획 및 절차서 | |
| 시스템 상세설계 검토 (CDR) | - 시스템 상세설계 검토 결과서<br>- 요구사항 추적표 | 동료검토(PR), 공식검토(CDR) |
| 제품 개발 기준선 설정 및 배포 | - 제품 개발 형상기준선<br>- 형상항목(형상식별서)<br>- 형상항목 관리대장 | 형상관리 프로세스와 연계 |

### 3.2.16 제작(구현) 및 검증 프로세스(Implementing & verification Process)

■ 프로세스 개요

구성품 제작(구현) 프로세스의 목적은 상세설계를 기반으로 실제 하드웨어를 제작하거나 소프트웨어를 구현하고 그 하드웨어나 소프트웨어가 시스템 및 구성품 요구사항을 만족하는지 검증(Verification)하는 활동이다.

시스템 개발 현장에서 검증과 확인(V&V)이라는 용어를 자주 사용하고 있지만 그 용어에 대해 명확히 이해 못 하고 혼용하는 경우를 필자는 더러 봐왔다. 그래서 검증과 확인에 대한 용어를 설명하고자 한다.

**검증(Verification)**은 시스템 및 구성품이 명시된 규격과 요구사항 및 특성을 충족한다는 객관적인 증거를 확보하는 활동으로써, 시스템 개발 전체 수명주기 동안에서 개발자 관점에서 다양한 방법으로 수행된다. 따라서 프로젝트 초기에 시스템 및 구성품 요구사항을 기반으로 검증해야 대상을 식별하고 검증 시기(단계)와 방법에 대한 계획을 수립한다. 검증의 방법에는 일반적으로 분석(Analysis), 검사(Inspection), 시연(Demonstration), 시험(Testing), 인증(Certification) 등으로 구분한다.

**확인(Validation)**은 시스템이 의도된 운영 환경에서 의도한 사용목적과 목표를 달성한다는 객관적 증거를 확보하는 활동을 의미하며, 개발이 완료된 최종시스템을 대상으로 시스템의 고객 및 사용자/운용자 관점에서 수행한다. 국방 무기체계 개발에 있어서 대표적인 확인 활동은 무기체계 소요군(사용자)이 개발된 무기체계가 작전운용성능(ROC: Required Operational Capability)을 충족하는가를 확인하는 운용시험평가(OT: Operational Testing) 활동이다.

시험(Testing) 활동은 시험의 목적과 환경에 따라서 검증(Verification) 활동이 될 수도 있고 때로는 확인(Validation) 활동이 될 수가 있다. 검증을 위한 시험 활동에는 단위시험, 기능시험, 환경시험, 성능시험 등이 포함된다. 시스템 개발 과정에서 생성되는 작업산출물 및 소프트웨어 소스코드에 대한 동료검토(Peer Review) 활동도 인스펙션(Inspection)을 통한 검증 활동에 해당된다.

시험(Testing)은 시스템 또는 구성품에 숨어있는 잠재된 결함(Defect)을 찾기 위해 또는 명세화된 요구사항을 만족하는지 검증하거나 실제와 기대되는 결과 간의 차이를 구별하기 위해 시스템을 수동 또는 자동화된 방법으로 시험하고 평가하는 일련의 행위와 절차를 말한다. 표 3.7에서 정리된 시험의 단계(Level), 시험의 목적 등을 참고하여 프로젝트의 시스템 및 구성품의 검증과 시험계획의 수립이 필요하다.

표 3.7 시험의 수준과 목적에 의한 시험유형

| 구분 | 유형 | 비고 |
|---|---|---|
| 시험 수준 (Test Level) | 단위 시험(Unit Testing) | 부품, 모듈, 단위SW 대상 |
| | 통합 시험(Integration Testing) | 구성품이 결합된 하위시스템 대상 |
| | 시스템 시험(System Testing) | 완성된 전체 시스템 대상 |
| | 수락 시험(Acceptance Testing) | 고객/사용자 관점(운용환경) |
| 시험 목적 (Test Purpose) | 기능 시험(Functional Testing) | 요구된 기능 수행 여부 |
| | 성능 시험(Performance Testing) | 응답시간, 처리량, 처리속도 등 |

| | | |
|---|---|---|
| 시험 목적<br>(Test Purpose) | 보안 시험(Security Testing) | 해킹, 무단접근, 데이터 위변조 등 |
| | 부하 시험(Load Testing) | 과다 정보량 부과 |
| | 신뢰성 시험(Reliability Testing) | 고장간 평균시간(MTBF 등) |
| | 환경 시험(Environmental Test) | 온도, 습도, 진동, 충격 등 |
| | 내구성 시험(Durability Test) | 반복적 물리적 충격, 마모, 사용 |
| | 사용성 시험(Usability Test) | 사용자의 사용성/조작성 관점 |
| | 회복 시험(Recovery Testing) | 고의적 실패 유도 |
| | SW구조 시험(Structure Testing) | SW 내부논리 경로, 복잡도 평가 |
| 시험 설계 기법<br>(Test Design) | 명세 기반(Specification-based) | 요구사항 및 설계명세서 기반<br>(동등분할, 경계값분석, 결정테이블 기법 등) |
| | 구조기 반(Structure-based) | SW 코드의 내부 구조 흐름 기반<br>(구문/결정/조건 커버리지 기법 등) |
| | 경험 기반(Experience-based) | 테스터의 경험과 직관 기반<br>(오류 예측) |

■ **프로세스 수행 활동과 작업산출물**

| 수행활동(Activity) | 작업산출물(Work Product) | 비고 |
|---|---|---|
| 구성품(HW,SW)<br>제작(구현) | - 하드웨어 구성품<br>- 소프트웨어 소스코드 및 실행파일 | |
| 구성품 검증 | - 하드웨어 시험 결과서(성적서)<br>- 소프트웨어 시험 결과서<br>- 요구사항 추적표(RTM) | 소프트웨어 신뢰성 시험<br>(필요시) |
| 검증 결과 분석<br>및 조치 | - 시험결함 보고서<br>- 시험결함 조치 결과서 | 관련 기술문서 수정/보완 |

### 3.2.17 시스템 통합 및 시험 (System Integration & Test)

■ 프로세스 개요

시스템 통합 및 시험 프로세스의 목적은 개발된 하위 시스템(모듈, 구성품 등)을 하나로 통합하고, 통합된 시스템이 요구된 기능과 성능을 만족하는지 확인하는 활동이다. 다수의 하위 시스템, 구성품, 소프트웨어 및 하드웨어를 정해진 아키텍처에 따라 결합하여 각 구성 요소 간의 인터페이스가 정상적으로 동작함을 확인하고, 통합된 시스템이 정의된 시스템 요구사항(성능, 기능, 인터페이스, 신뢰성, 보안성 등)을 만족하는지 확인하기 위해 시험계획과 절차에 따라 시험한다.

소규모 시스템의 통합은 비교적 간단할 수 있으나, 대형 시스템의 경우는 시스템의 복잡성, 구성 요소 간 상호작용, 실제 운용성 확보 등과 직접적으로 연결되기 때문에 체계적인 시스템 통합 전략과 순서(시나리오)가 요구된다. 특히, 국방, 항공우주, 철도, 에너지, 공공인프라 등과 같은 대규모 시스템에서는 통합이 전체 시스템의 성공 여부를 좌우하는 핵심 업무이다. 결함(Defect)은 후반부로 갈수록 수정 비용이 기하급수적으로 증가하므로 시스템 통합 단계에서 인터페이스 오류, 연동 실패, 보안 취약점 등 잠재적 문제를 조기에 식별해야 한다.

시스템 통합에는 4가지의 전략이 있으며, 시스템 규모나 특성에 따라 적절한 통합 전략을 적용하면 된다. 첫 번째, 모든 구성품을 한 번에 통합하는 **빅뱅(Big-Bang) 통합 전략**이 있다. 이 전략은, 통합은 빠르지만 문제를 추적하기가 다소 어려움이 있다. 두 번째 전략인 **상향식(Bottom-Up) 통합 전략**은 하위 구성 요소부터 차례로 통합해 나가는 방법으로써, 하위 구성 요소의 테스트가 용이하다. 세 번째 **하향식(Top-Down) 통합 전략**은 상위 시스템에서부터 차례로 통합하는 방법으로 조기에 시나리오 검증이 가능하다. 마지막으로 **샌드위치(Sandwich) 통합 전략**은 상위 시스템과 하위 시스템을 동시에 통합하고 중간에서 만나는 방식이다.

■ 프로세스 수행 활동과 작업산출물

| 수행활동(Activity) | 작업산출물(Work Product) | 비고 |
|---|---|---|
| 시스템 통합 및 시험 계획 수립 | - 시스템 통합 계획 및 절차서<br>- 시스템 시험 계획 및 절차서<br>- 시스템 시험환경<br>- 요구사항 추적표(RTM) | 시험환경: 시험 장비, 도구, 시뮬레이터 등 |

| | | |
|---|---|---|
| 통합 준비상태 확인 | - 구성품별 인수문서 및 시험 기준<br>- 통합평가 보고서, 테스트 보고서 및 인터페이스 평가 보고서 | 통합된 구성 요소가 요구사항 및 설계사양 에 부합하는지 평가 |
| 시스템 통합 | - 통합된 제품 및 구성품<br>- 예외사항 및 테스트 보고서 | |
| 시스템 시험 수행 | - 시스템 시험 결과서<br>- 시험결함 분석 및 조치 결과서 | |
| 시험 보고서 작성 및 검토 | - 시험 보고서 | |

## 3.2.18 공식 기술검토회의(Technical Review)

■ **프로세스 개요**

기술 검토회의는 시스템 개발 수명주기의 주요 단계에서 모든 프로젝트 관련 이해관계자들이 참여하여 진행되는 공식적인 검토회의이다. 기술 검토회의는 해당 단계에 맞는 진척도와 성과가 어느 정도의 완성 수준에 달성하였는지를 검토, 평가하고, 다음 개발 단계(Phase)로 넘어가기에 적합한지 그리고 다음 단계로 진입을 위한 문제점과 리스크에 대한 해결 방안을 검토하고 의사 결정하는 회의이다. 표 3.8은 기술 검토회의의 종류, 목적 및 주요 검토 내용 등에 대해 설명한다.

표 3.8 체계공학(SE) 기반의 기술검토 가이드

| 구분 | 시스템요구사항 검토 (SRR) | 시스템 기능 검토 (SFR) | 기본설계 검토 (PDR) |
|---|---|---|---|
| 목적 | 이해관계자 요구사항이 시스템 개발을 위한 시스템 요구사항으로 적절히 반영됨을 검토 | 시스템 요구사항이 시스템의 기능 요구조건으로 적절히 반영됨을 검토 | 시스템/부시스템의 형상 항목에 대한 기본설계의 완전성을 검토 |
| 시기 | 탐색개발 후반부 또는 체계개발 초기 | 체계개발 단계 초기 기본설계 수행 전 | 체계의 HW/SW 기본 설계 완료 후 상세설계 수행 전 |

| | | | |
|---|---|---|---|
| 주요<br>검토 내용 | • 이해관계자 요구 사항 분석<br>• 이해관계자 요구 사항과 시스템 요구 사항과의 추적성 확인<br>• 시스템 요구사항과 시스템 규격서(안)의 일관성 확인<br>• 시스템 설계 단계로 진입 가능성 검토 | • 시스템 요구사항을 체계/부체계의 기능 요구 사항으로 분석<br>• 이해관계자 요구사항 및 시스템 요구사항과 시스템 규격서의 시스템/부시스템 기능 요구사항의 일관성 및 추적성 확인<br>• 기본설계 진입 가능성 검토 | • 시스템/부시스템 주요 형상품목에 대한 기본 설계 내용 분석<br>• 시스템 기능 요구 사항이 기본설계를 시스템 설계서, HW/ SW 요구사항, 개발규격서로 완전하게 할당됨을 확인<br>• 상세설계 진입 가능성 검토 |
| 구분 | 상세설계 검토<br>(CDR) | 시험준비상태 검토<br>(TRR) | 형상 확인<br>(FCA/PCA) |
| 목적 | 시스템/부시스템의 구성품 부품 단위의 상세설계 완전성 검토 | 시험평가 계획을 통해 시험준비 상태가 시스템요구사항 충족 여부를 검증/확인 가능한지 검토 | • 기능형상확인(FCA): 형상품목의 실제 성능이 시스템의 기능/성능 요구사항을 충족하는지 검토<br>• 물리형상확인(PCA): 개발된 최종 제품의 형상이 설계문서와 일치하는지 확인 |
| 시기 | 시스템 구성품 단위의 상세설계가 완료되고 시제 제작 전 | 시험평가 착수 전 | • FCA: 시험평가 후반부(DT 후 OT전)<br>• PCA: 규격화 수행간, 초도양산 이전 |
| 주요<br>검토 내용 | • 시스템/부시스템의 세부 구성이나 부품 단위 설계 내용 분석<br>• 시스템 기능 요구사항이 상세설계를 위해 개발 규격서(SW, HW, 인터페이스 등)에서 제품 규격으로 완전하게 할당됨을 확인<br>• 시제제작, 체계통합 및 시험단계로 진입 가능성 검토 | • 시험평가를 통한 이해관계자 요구사항의 충족여부의 검증·확인 가능성 분석<br>• 시험계획에 맞게 시제품의 완전성, 시설, 인력, 안전 등 시험평가 준비상태 확인<br>• 시험평가 단계 진입 가능성 검토 | • 시험평가 결과 및 입증된 자료가 형상 품목의 기능/성능 요구조건을 충족하는지 분석<br>• 요구사항 최종 반영 확인을 위한 국방규격 연계표와 형상 산출물간의 일관성 및 추적성 확인<br>• 초도양산 가능성 검토<br>• 실제 형상과 설계문서(도면, 규격서 등)와의 일치 여부를 확인<br>• 형상품목이 국방규격의 제품기준에 맞게 정확하게 제작되었는지 확인하며 산출물의 일관성 및 추적성 확인 |

### 핵심 리뷰 포인트

1. 시스템엔지니어링과 프로젝트관리의 관계성은?
2. 프로세스 테일러링과 프로젝트 계획수립 프로세스의 관계는?
3. 리스크와 이슈의 정의와 리스크관리 프로세스의 핵심 내용은?
4. 형상관리의 정의와 목적 그리고 형상변경통제 프로세스는?
5. 품질보증(QA)와 품질관리(QC)의 차이점은?
6. 이해관계자 요구사항과 시스템 요구사항의 차이점은?
7. 요구사항 추적성 유지의 목적과 추적 분석의 3가지 유형은?
8. 검증(Verification)과 확인(validation)의 정의와 차이점은?
9. 시스템개발 수명주기 동안의 주요 기술 검토 회의와 목적은?

# Chapter 4

## SE-PM 프로세스 내재화와 품질인증
## (SE-PM Process Institutionalization & Quality Certification)

# 4.1 SE-PM 프로세스 내재화

## 4.1.1 프로세스 내재화의 정의

프로세스 내재화(Institutionalization)란, 기업문화의 일부로서 조직이 일상적으로 따르는 습관화된 업무 수행 방식을 말한다. 다시 말하면 단순히 프로세스를 문서화하거나 교육하는 수준이 아니라, 조직 구성원들이 실제로 자연스럽게 프로세스를 따르고 그것이 조직문화 속에 정착되는 것을 의미한다.

Daryl R. Conner의 연구 결과는 조직 변화에 대해 구성원이 거치는 심리적 수용 단계를 설명해 주고 변화가 성공하려면 단순한 "순응(Compliance)"을 넘어서 "내재화(Institutionalization)" 단계로 넘어가야 한다는 점을 강조하고 있다. 그림 4.1에서 알 수 있듯이 내재화 로드맵이 단순히 시간적(Time) 수평으로 진행하지 않고 우상향하는 것은 조직의 지원 수준(Level of Support)이 변화 단계를 지남에 따라 같이 높아져 가야 한다는 것이다. 즉, 프로세스 내재화를 위해서는 경영진과 조직 구성원의 Commitment(관심, 의지, 헌신, 약속, 방침)가 필수적으로 있어야 한다는 것이다.

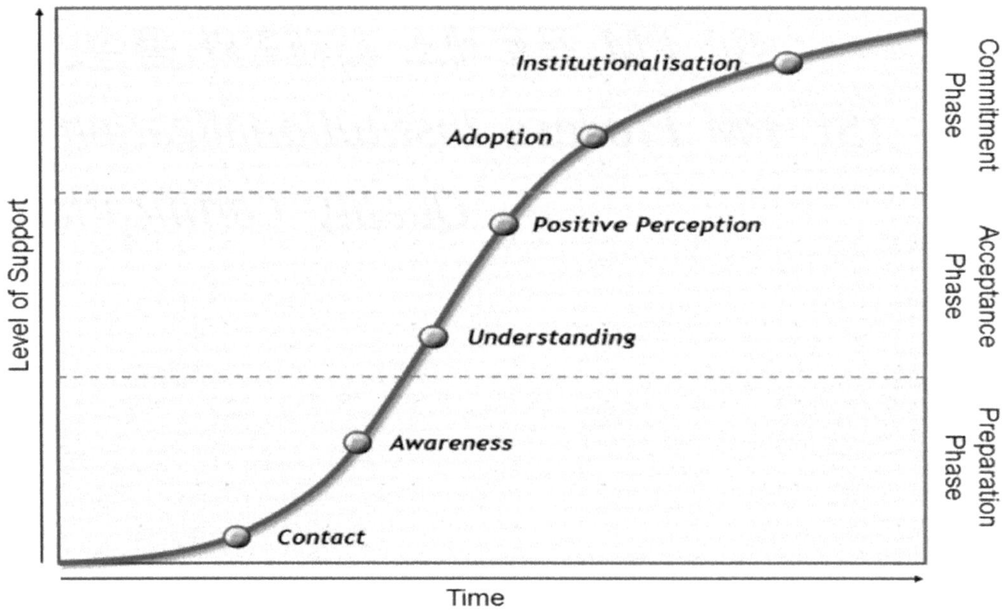


그림 4.1 조직변화 관리 구축 단계

■ 1단계-Contact(접촉)
변화와 처음 접하는 단계로써, "무슨 일이 일어나고 있지?"라는 수준의 초기 반응

■ 2단계-인식(Awareness)
변화가 필요하다는 사실을 알게 되는 단계로써, 소통을 통해 "변화가 필요하겠구나"하는 정도의 인식

■ 3단계-이해(Understanding)
교육, 설명회, 리더의 메시지 등을 통해 변화의 목적과 이유를 논리적으로 이해하고 "왜 이 변화가 필요한지를 알겠다"라고 충분히 이해하는 단계

■ 4단계-긍정적 수용(Positive Perception)
변화가 개인이나 조직에게 이득이 될 수 있다고 느끼는 단계로써, 단순히 이해하는 수준에서 정서적 수용으로 이동

■ 5단계-채택(Adoption)
"이 방법이 더 낫네, 계속 이 시스템/도구를 사용해야 겠다" 등의 실제로 새로운 방식이나 행동을 받아들이고 적용하는 단계

■ 6단계-내재화(Institutionalization)
변화가 습관화·제도화되어 조직문화 속에 자리 잡아 조직원 누구나 "이제 이건 당연한 방식이다"라고 생각하고 지속적으로 개선하면서 정착하는 단계

### 4.1.2 조직 현장의 프로세스 내재화의 실태

앞서도 설명하였지만, 국내 많은 조직에서는 CMMI, SP품질 인증제도 등의 SE와 PM 표준모델에 기반한 조직의 연구개발 프로세스 개선 활동을 수행하고 품질인증을 획득하고 있다.

*"그런데 왜 이러한 활동을 10여 년이 넘게 수행하였음에도 불구하고*
*아직도 프로세스 내재화가 미흡한 것인가?"*

그 원인은 조직마다 여러 가지가 있겠지만, 공통적이면서 핵심적인 요인은 프로세스 개선의 중요성에 대한 경영진(대표이사, 연구소장 등)의 **"관심과 의지의 부족"**에 있다. Mahmood Niazi의 연구논문에서도 알 수 있듯이 프로세스 개선 활동의 성공은 경영진의 방침(senior management commitment)에 있다.

표 4.1 프로세스 개선의 성공 요인과 장애 요인(Mahmood Niazi)

| 핵심 성공 요인<br>(Critical Success Factors) | 장애 요인<br>(Critical Barriers) |
| --- | --- |
| - 경영층의 의지와 방침(Commitment)<br>- 교육훈련<br>- 조직원 참여<br>- 프로세스 개선에 대한 인식<br>- 프로세스 개선팀 구성<br>- 조직원의 시간과 자원<br>- 경험있는 조직원<br>- 공식벅인 방법론<br>- 검토 | - 인식의 부족<br>- 지원의 부족<br>- 자원이 부족<br>- 공식적인 방법론 부족<br>- 조직의 정책 부족<br>- 일정/납기 압력<br>- 조직원의 경험 |

*"그렇다면 경영진의 관심과 의지의 부족은 프로세스나 품질의 중요성을 인지하고 있지 못해서일까?"*

경영층의 관심과 의지에 대한 표현을 어떤 식으로 하면 좋을 것인가? 그 정답은 스폰서십(Sponsorship)에 있다. 부연 설명하자면, 프로세스 개선과 품질보증 활동을 위한 조직 또는 담당자를 지정하고 그들에게 임무(미션)를 부여하는 것이다. 그리고 부여한 임무의 실행 상태를 정기적으로 보고받고 확인하고 피드백하면 된다. 예를 들어 정기적인 프로세스 개선 활동 협의체 운영, 개선 사례 발표 등도 좋은 활동이다.

필자가 그동안 프로세스 개선과 품질인증 컨설팅 서비스를 제공한 일부 조직의 사례를 보면, CMMI 또는 SP 품질인증 활동을 추진하기 위해서 한시적인 TF(Task Force)를 구성한다. TF에서는 조직 내 많은 프로젝트 중, 인증심사를 위한 적절한 후보 프로젝트 몇 개를 선정한다. TF 인력과 후보 프로젝트의 참여자(PM, 개발자)는 품질인증 요건에 만족하는 프로젝트 작업 산출물을 수집하고 정리한다. 품질인증 요건의 활동이 일부 미흡한 프로젝트의 경우에는 소급하여 관련 작업 산출물을 보완, 작성하는데 어쩌면 이 일은 의미 없는 일이 되기도 한다.

TF 인력은 기존 업무를 병행하면서 품질인증 업무를 수행한다. 그러다 보니 TF 인력은 업무 가중으로 이어지고, 동기부여가 되지 않은 상태에서 때로는 불만이 표출되기도 한다. 이런 상황에서 프로세스 개선 활동이 온전하게 수행되기는 어려울 것이며, 품질인증을 획득하고 나면 TF는 자연스럽게 해산되고 프로세스 개선 활동의 연속성과 지속성은 떨어진다.

어쩌면 이러한 행위가 단순히 품질인증을 획득하기 위한 일회성 이벤트에 그치고 있는지도 모른다. SE-PM 프로세스가 조직 내 모든 프로젝트에 확산, 적용되고 조직의 부서 전반에 걸쳐 내재화가 되어있으면, CMMI, SP 등의 품질인증은 인증심사라는 이벤트를 통해 큰 노력 없이도 자연스럽게 인증을 획득할 수 있을 것이다.

### 4.1.3 SE-PM 프로세스 개선 및 내재화 전략

시스템엔지니어링과 프로젝트관리 프로세스 내재화를 위해서는 경영진의 방침과 후원(Sponsorship)이 기초가 되어 전사적 노력과 어느 정도의 시간이 필요하다.

■ **성공한 조직들의 특징**

- 프로세스 개선 활동을 **"비즈니스 목표"**에 향하도록 하였다.
- 프로세스 개선 활동을 오랜 기간에 걸쳐 **"지속적"**으로 추진하였다.
- 변화 관리 활동에 조직원 모두가 **"적극적인 참여"**를 하였다.
- 품질과 프로젝트 성과(Performance)에 중점을 두고 **"측정 지표 관리"**를 하였다.

■ **프로세스 내재화 전략**

- 경영층의 명확한 방침과 의지 표명
  경영진과 리더가 "이 프로세스가 조직성과에 왜 중요한지"를 조직 구성원에게 반복적으로 강조한다.
- 명확한 프로세스 정의 및 표준화
  프로세스가 불명확하거나 추상적이면 이행 및 내재화가 어렵다. 업무 절차, 역할/책임, 작업산출물, 성과지표, 산출물 템플릿 등을 구체적으로 정의한다.
- 시스템 및 도구 지원
  프로세스를 따르는 것이 번거롭지 않도록 IT 시스템, 자동화 툴(Tool)을 제공한다. 단지 시스템/도구를 활용하면 처음에는 힘들겠지만 안정화가 되면 개인의 업무 효율성과 생산성이 높아진다 라는 것을 사례나 벤치마크를 통해 홍보한다.
- 교육 및 인식 제고
  정기적인 교육과정을 개발하고, 단순히 "어떻게"가 아니라, "왜" 이 프로세스가 필요하고 조직과 개인에게 도움(성과)이 되는지 설명한다. (사례기반의 실습, 워크숍 등)
- 실행과 지속적 개선
  프로세스를 실제 프로젝트나 업무에 적용하도록 장려하고, 실행 과정에서 발생하는 문제를 수집하고 개선한다.

- 성과 관리와 보상 연계
  핵심성과지표(KPI), 성과 평가, 인센티브 등과 연계하여 프로세스를 잘 준수하는 팀이나 개인을 평가, 보상한다. (프로세스를 지키지 않아도 불이익이 없다면 내재화가 안 됨)
- 조직문화와 연결
  **"프로세스를 따르는 것 = 우리의 일하는 방식"**이라는 인식을 갖고 조직문화로 자리잡도록 사내 커뮤니케이션, 사례 공유, 성공 스토리 전파 등을 수행한다.

### 4.1.4 조직의 P-P-T 성숙도 자체 평가 모델

필자의 2015년 사례 연구논문에서 CMMI나 SP 인증을 획득한 조직이 인증을 획득한 이후에 프로세스 이행이 확산 적용되지 못하고 능력 성숙도 수준이 인증획득 초기 상태로 되돌아가는 결과를 알 수 있다. 이 문제의 해법을 시스템을 개발하는 프로젝트 관점에서 찾기보다는 조직(회사) 관점에서 문제의 원인을 찾아 해결해야 한다.

개별 프로젝트에서 시스템엔지니어링(SE)과 프로젝트관리(PM) 프로세스가 올바르게 수행되고 내재화를 위해서는 **프로세스(Process), 사람(People) 및 도구(Tools) 측면에서 조직의 환경이 구축되고 개별 프로젝트가 아닌 조직 레벨의 P-P-T 성숙도가 우선 확보**되어야 한다는 것이다.

■ 프로세스 (Process)

- SE, PM 조직 표준 프로세스 구축과 테일러링
- 프로세스 수행을 위한 명확한 역할/책임 정의
- 프로세스 준수 상태의 정기적 평가 및 지속적 개선

■ 인력 (People)

- 지속적인 경영층의 관심과 참여 (예: 프로세스 혁신위원회, 개선 활동 사례 발표 등)
- 프로세스의 필요성과 가치(Value)에 대한 조직원의 인식과 프로세스 역량 향상
- 프로세스 개선 조직 구성 (예: 프로세스 품질보증팀, 프로세스 개선/혁신팀 등)

■ 도구/기법(Tool & Technique)

- SE, PM 프로세스 지원 도구의 표준화
- 자체 교육과정 개발 및 운영 (오프라인, 온라인)
- 프로세스 자산(Asset) 관리 인프라 구축 (프로세스 자산의 예: 표준 프로세스, 프로젝트 산출물, 데이터, 경험사례(Lessons Learned, Best Practice), 교육교재 등)

필자는 조직의 프로세스(Process), 인력(People), 도구(Tool) 관점에서의 SE-PM 프로세스 내재화 요소를 도출하고 성숙도 평가 기준을 수립한 **"조직의 P-P-T 성숙도 자체 평가 모델"**을 연구개발 하여 CMMI를 적용하고 있는 19개 조직을 대상으로 사례연구를 통해 개발된 성숙도 평가 모델의 유용성을 검증하였다. 검증 결과, P-P-T 관점에서의 조직 성숙도 수준과 프로젝트의 SE-PM 프로세스 이행 수준과는 매우 높은 상관관계가 있는 것으로 나타났으며, P-P-T 관점에서의 조직의 성숙도 수준은 프로젝트의 SE-PM 프로세스의 내재화 수준에 영향을 미친다는 것을 알 수 있었다.

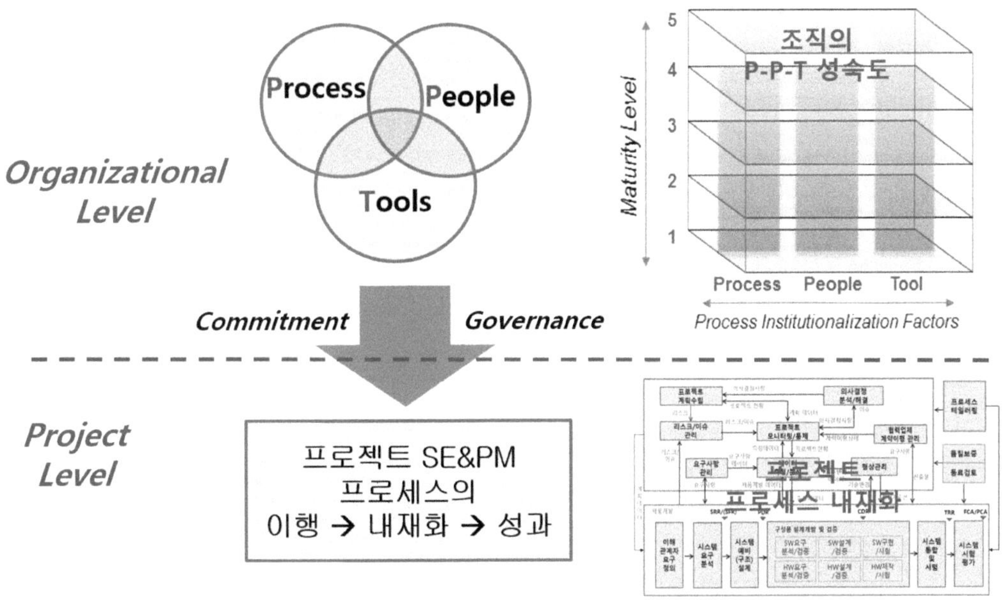


그림 4.2 P-P-T 관점에서의 조직 성숙도 자체 평가 모델의 개념

P-P-P 성숙도 자체 평가 모델은 조직 차원의 프로세스, 사람 및 도구 관점에서의 조직의 현(現) 성숙도 수준을 자체 평가하고, 이를 기반으로 조직 차원에서의 SE-PM 프로세스 개선 전략과 계획을 수립, 이행하는데 참조모델로 매우 유용할 것이다. 또한 이 모델은 CMMI 인증 이후 SE-PM 프로세스 이행과 내재화가 지속적으로 유지되지 못하고 있는 조직에 근본적인 원인과 해법을 제공할 것이다.

표 4.2 P-P-T 성숙도 자체 평가 모델 - 내재화 요소 평가 지표

| 성숙도 관점 | 내재화 요소 | 평가 지표 |
|---|---|---|
| Process | 조직 표준 프로세스 구축 | - 조직 표준 프로세스의 구축 범위 수준<br>- 프로세스 실행가능 수준 (테일러링 가이드) |
| | 조직 표준 프로세스 이해 | - 조직 표준 프로세스의 정기적 교육<br>- 프로세스 내용에 대한 조직원의 숙지 수준 |
| | 조직 표준 프로세스 모니터링 및 개선 | - 프로세스 이행 수준 평가 및 개선 활동의 빈도<br>- 프로세스 측정 지표 관리 수준 |
| People | 경영층의 관심과 참여 | - 프로세스 개선 활동에 대한 경영층 보고 및 개선 활동 관련 회의체 운영 빈도 |
| | 프로세스 개선/내재화 조직 | - 프로세스 개선 전담 조직 구성 여부 및 인력 자원(인원수, 참여율)의 적절성<br>- 조직 구성원의 프로세스 역량 수준 |
| | 프로세스 역할/책임 및 교육 | - SE-PM 프로세스 수행 역할 정의의 명확성 여부<br>- 역할별 요구되는 지식 식별 및 교육 이행 수준 |
| Tool | 프로세스 지원도구 표준화 | - 프로세스 지원 도구/기법의 조직 표준화 여부<br>- 프로세스 지원 도구의 조직(프로젝트) 내 활용 정도 |
| | 프로세스 자산관리 | - 프로세스 자산관리 시스템 구축 여부<br>- 프로세스 자산의 조직 내 공유, 활용 수준 |

표 4.3 P-P-T 성숙도 자체 평가 모델 - 성숙도별 특성

| 성숙도 | PROCESS (프로세스) | PEOPLE (인력) | TOOL (도구) |
|---|---|---|---|
| 5 | • 조직원의 조직 표준 프로세스 이해도와 프로세스 조정 및 적용성이 높음<br>• 프로세스 평가 및 개선 활동이 정기적으로 수행되고 프로세스 측정 지표가 관리됨 | • 프로세스 개선 활동이 조직의 문화로 정착됨<br>• 프로세스 개선조직 구성원 및 프로세스 수행 인력의 지식수준이 평가됨 | • 표준화된 프로세스 지원 도구를 대부분의 프로젝트에서 사용되고 있으며, 지원도구가 지속적으로 개선되고 있음<br>• 프로세스 자산이 축적, 관리되며 조직 차원에서 공유됨 |
| 4 | • 조직원의 조직 표준 프로세스 이해도와 프로세스의 조정 및 적용성이 보통 수준임<br>• 프로세스 평가 및 개선 활동이 정기적으로 수행되나 프로세스 측정 지표가 관리되지 않음 | • 프로세스 개선 관련 경영층 보고와 회의체가 정기적으로 운영됨<br>• 프로세스 개선조직 구성원 및 프로세스 수행 인력의 교육이 정기적으로 수행됨 | • 표준화된 프로세스 지원 도구가 일부 프로젝트에서만 사용되고 있음<br>• 프로세스 자산이 수집, 관리되나 조직 차원에서 공유되지 않음 |
| 3 | • 조직원의 조직 표준 프로세스 이해도와 프로세스의 조정 및 적용성이 낮음<br>• 프로세스 평가 및 개선 활동이 비정기적으로 수행되고 프로세스 측정 지표가 관리되지 않음 | • 프로세스 개선 관련 경영층 보고와 회의체가 비정기적으로 수행됨<br>• 프로세스 개선조직 구성원 및 프로세스 수행 인력의 교육이 비정기적으로 수행됨 | • 프로세스 지원 도구가 조직 차원에서 표준화되었으나 사용율이 매우 낮음<br>• 프로세스 자산이 수집되나 관리되지 않음 |
| 2 | • 조직 표준 프로세스의 범위가 낮으며 프로세스에 대한 조직원의 인식이 부족함<br>• 프로세스 평가 및 개선 활동이 수행되지 않음 | • 프로세스 개선 관련 경영층 보고와 회의체가 일시적으로 수행됨<br>• 프로세스 개선조직 구성원 및 프로세스 수행 인력의 교육이 거의 수행되지 않음 | • 프로세스 지원 도구가 조직 차원에서 표준화되지 않음<br>• 조직 프로세스 자산은 식별되었으나 자산관리 체계가 구축되지 않음 |
| 1 | • 조직 표준 프로세스가 정의되지 않고 조직원의 프로세스에 대한 인식이 없음 | • 프로세스 개선 활동에 대한 경영층의 관심이 낮음<br>• 프로세스 개선조직이 구성되지 않음 | • 프로세스 지원 도구의 필요성을 인지 하지 못함<br>• 조직의 프로세스 자산관리에 대한 인식이 부족함 |

## 4.2 SE-PM 프로세스 품질인증

시스템 및 소프트웨어 개발에 있어서 품질(Quality)은 최종 산출물(제품 또는 시스템)이 얼마나 좋은지를 나타내는 **제품 품질**(Product Quality)과 제품을 만드는 개발 및 관리 절차와 방법이 얼마나 좋은지를 나타내는 **프로세스 품질**(Process Quality)로 구분한다.

좋은 제품을 만들기 위해서는 만드는 과정(절차, 프로세스)이 좋아야 한다. 반대로, 프로세스가 불규칙하면 제품의 완성도와 신뢰성이 떨어지고 이로 인한 부가적인 재작업(Rework) 비용과 프로젝트 납기 지연을 초래하게 된다. 그래서 선진기업은 제품의 품질에 앞서, 프로세스 품질 조직 구성, 프로세스 품질감사, 프로세스 품질인증 획득 등의 활동으로 프로세스의 품질 확보 노력에 조직의 역량을 집중하고 있다.

시스템 및 소프트웨어의 신뢰성이 매우 중요하게 요구되는 국방, 항공, 자동차, 철도, 의료산업 분야의 많은 기업에서는 CMMI, SP품질인증 등의 표준모델을 기반으로 체계적인 개발 활동을 수행하고 관련 프로세스 품질인증을 획득하고 있다. 더불어, 고객은 그들의 외주 획득 제품에 대한 품질을 확보하기 위해 협력사에게 체계적인 프로세스 품질보증 활동

표 4.4 제품 품질과 프로세스 품질

| 구분 | 제품 품질(Product Quality) | 프로세스 품질(Process Quality) |
|---|---|---|
| 정의 | 최종제품(시스템, 소프트웨어 등)의 성능, 기능, 신뢰성 등이 사용자의 요구사항과 기대치를 만족하는지를 나타내는 품질 | 제품을 개발하는 과정(프로세스)이 체계적으로 수행되며, 정의된 표준 절차를 준수하는지 평가하는 품질 |
| 초점 | 검사 및 시험을 통해 결함(Defect) 제거(합부 판정) | 지속적 프로세스 개선 및 문제 예방(일정지연, 비용초과, 설계오류 등) |
| 평가 요소 | 기능 적합성<br>성능 효율성<br>신뢰성<br>사용성<br>유지보수성<br>호환성 등 | 프로젝트 계획/모니터링 프로세스<br>시스템 개발 수명주기 프로세스<br>개발 지원 프로세스(형상관리, 품질보증, 측정분석, 교육훈련, 의사결정 분석 및 해결 등) |
| 관련 표준/제도 | GS 인증(국내)<br>ISO 25000 | CMMI (국제)<br>SP 품질인증 제도 (국내)<br>ISO 12207<br>ISO 15504<br>ISO 26252<br>DO-178C |

을 요구하고 협력사 품질 평가를 강화하고 있다. 또한, 방위사업청에서는 체계공학(SE)기반의 무기체계 연구개발 활동을 요구하고 있으며, 사업 제안서 평가 시, CMMI, SP 인증 여부를 제안서 평가에 반영하고 있다. 대표적인 프로세스 품질인증 표준인 CMMI, SP품질인증, ISO 26262, DO-178c에 대해서 좀 더 자세히 설명한다.

### 4.2.1 CMMI(Capability Maturity Model Integration)

■ CMMI 배경 및 기대효과

1980년대 초반, 소프트웨어가 국방, 항공우주, 금융 등 다양한 산업에서 핵심적인 역할을 하게 되면서, 대규모 및 복잡한 시스템 개발이 급격히 증가했다. 그러나 소프트웨어 개발 프로세스는 아직 체계화되지 않은 초기 단계에 머물러 품질 저하, 예산 초과, 일정 지연 등의 심각한 문제점을 안고 있었다.

1990년대 초 미 국방부(DoD)는 이러한 문제를 해결하기 위해 소프트웨어 제품을 납품하는 업체의 소프트웨어 품질을 평가하기 위해 카네기멜론대학의 소프트웨어공학연구소(SEI)에 의뢰해 SW-CMM을 개발하였다. CMM 모델은 30년 이상 지속적으로 진화하여 소프트웨어 개발 중심에서 모든 산업 분야에 적용이 가능한 통합된 CMMI v3.0 모델로 발전하였으며, 전 세계 많은 조직에서 CMMI를 도입하여 품질 및 생산성 향상과 비즈니스 경쟁력 향상에 활용하고 있다. 현재 CMMI 운영기관은 SEI에서 ISACA (Information Systems Audit and Control Association)의 CMMI Institute로 이전되었다.

CMMI Institute의 2025년 통계 자료에 의하면, CMMI를 도입한 조직은 품질 개선 27%, 생산성 향상 20%, 기술적 성능개선 19%의 성과를 나타내고 있다. 이처럼 **CMMI 도입의 기대효과**는 (1) 품질 향상(재작업 감소, 결함 감소), (2) 일정 준수율 향상(예측 가능한 프로젝트 관리), (3) 비용 절감(오류 예방 중심 프로세스), (4) 고객 신뢰 확보(사업 수주 경쟁력 강화), (5) 조직적 학습과 자산 축적 기반 마련(Best Practice, Lessons Learned) 등을 가져온다.

■ CMMI 능력 성숙도 레벨

CMMI는 레벨 1부터 레벨 5까지 5단계의 능력 성숙도 수준을 정의하고 있으며, 레벨5가 최고의 성숙도 수준이다. CMMI 레벨 2와 3는 프로세스 표준화와 시스템엔지니어링(SE)과 프로젝트 관리(PM) 활동에 초점을 두고 있으며, CMMI 레벨 4와 5는 조직의 프로세스 최적화를 통한 프로세스 및 비즈니스 성과관리에 초점을 두고 있다.

- **레벨1**: 초기 단계(Initial)로써, 프로젝트의 상황이 예측 불가능하고 문제의 예방보다는 문제 발생 시 조치에 급급하는 수준 (Unpredictable and Reactive)
- **레벨2**: 관리 단계(Managed)로써, 개별 프로젝트 차원에서 프로젝트가 계획되고 수행, 성과관리 및 통제되는 수준 (Managed on the project level)
- **레벨3**: 정의 단계(Defined)로써, 조직 차원에서 표준 프로세스가 정의되고 각 프로젝트에서는 조직 표준 프로세스를 조정(테일러링)하여 적용하는 수준(Proactive rather than reactive)
- **레벨4**: 정량적 관리 단계(Quantitatively Managed)로써, 조직의 품질 및 프로세스 성과 목표를 달성하기 위해 정량적 기법을 사용하여 프로젝트를 예측하는 수준 (Measured and controlled)
- **레벨5**: 최적화 단계(Optimizing)로써, 지속적 프로세스 개선 및 혁신을 통해 프로세스를 최적화 수준 (Stable and flexible)

## ■ CMMI 적용 도메인(Domain)

CMMI 적용 도메인은 제품개발(Development; DEV), 서비스(Services: SVC), 공급자 관리(Suppliers: SPM), 보안(Security: SEC), 안전(Safety: SAF), 인력(People: PPL), 데이터(Data) 및 가상환경(Virtual: VRT) 등 8개 도메인이다. 8개의 도메인 중, 하드웨어 및 소프트웨어를 포함하는 제품개발 도메인(CMMI-DEV)에 대한 심사가 국내뿐 아니라 전 세계적으로 거의 대부분을 차지하고 있다.

표 4.5 제품개발(DEV) 도메인의 프렉티스 영역

| 범주 | 프렉티스 영역 | 목적 |
|---|---|---|
| 관리 (Managing) | 산정 (Estimating) | 제품/구성품 개발, 획득 및 제공에 필요한 작업과 자원의 규모, 공수, 기간, 비용 산정 |
| | 계획수립 (Planning) | 작업 수행에 필요한 계획 수립(예산, 일정, 자원, 품질, 리스크 등) |
| | 감시 및 통제 (Monitor & Control) | 프로젝트 진행 현황을 파악하고 계획에서 크게 벗어날 경우 적절한 시정조치 수행 |
| | 리스크/기회 관리 (Risk & Opportunity Management) | 잠재적 리스크/기회를 식별, 분석, 평가 및 대응 |
| | 조직적 교육훈련 (Organizational Training) | 효율적/효과적인 업무 역할수행을 위한 조직원의 기술과 지식 개발 |

| | | |
|---|---|---|
| 촉진 (Enabling) | 형상 관리 (Configuration Management) | 형상식별, 변경통제 및 형상확인 등을 통해 작업 산출물의 무결성(Integrity) 유지, 관리 |
| | 의사결정 분석/해결 (Decision Analysis & Resolution) | 체계적인 대안 분석 프로세스를 통해 최적의 의사 결정 수행 |
| | 근본원인 분석/해결 (Casual Analysis & Resolution) | 근본적인 원인 파악 및 해결과 재발 방지를 위한 조치 |
| 실행 (Doing) | 프로세스 품질보증 (Process Quality Assurance) | 수행된 프로세스와 그에 따른 작업산출물의 품질 검토 및 개선 |
| | 요구사항 개발 및 관리 (Requirements Development & Management) | 이해관계자 및 시스템/구성품 요구사항의 도출, 명세화, 검토 및 요구사항과 작업산출물 간의 추적성 유지 |
| | 기술적 솔루션 (Technical Solution) | 이해관계자 요구사항을 충족하는 제품/구성품의 설계 및 제작/구현 |
| | 제품 통합 (Product Integration) | 기능 및 품질 요구사항을 충족하는 제품 통합 |
| | 동료 검토 (Peer Review) | 동료 또는 분야별 전문가의 검토를 통해 작업산출물의 결함 식별, 해결 |
| | 검증/확인 (Verification & Validation) | 제품 및 구성요소가 요구사항을 충족하는가를 검증하고 목표 환경에서 의도된 대로 이행 되는 가를 확인 |
| 개선 (Improving) | 거버넌스 (Governance) | 경영층에게 프로세스 활동의 후원(sponsorship)과 거버넌스 역할에 대한 지침 제공 |
| | 이행 인프라 (Implementation & Infrastructure) | 조직의 프로세스를 지속적, 습관적(내재화)으로 적용 및 개선 |
| | 프로세스 자산 개발 (Process Asset Development) | 작업 수행에 필요한 프로세스 자산 개발 및 업데이트 유지 |
| | 프로세스 관리 (Process Management) | 비즈니스 목표 달성을 지원하기 위해 조직 표준 프로세스, 인프라 개선을 지속적으로 관리, 이행 |
| | 성과 측정 및 관리 (Managing Performance & Measurement) | 비즈니스 목표 달성을 위해 성과 데이터의 측정 및 분석을 통한 프로세스 성과 관리 |

■ CMMI 프렉티스 영역(Practice Area)

CMMI는 전체 30개의 프렉티스 영역으로 구성되어 있으며, 해당 도메인에만 적용하는 고유 프렉티스 영역 (Specific Practice Area)과 모든 도메인에 공통적으로 적용하는 핵심 프렉티스 영역 (Core Practice Area)으로 구분한다.

- **도메인 고유 프렉티스 영역(Domain Specific Practice Areas)**

표 4.6 도메인 고유 프렉티스 영역

| 도메인 | 프렉티스 영역 | 레벨 1 | 레벨 2 | 레벨 3 | 레벨 4 | 레벨 5 |
|---|---|---|---|---|---|---|
| 개발 (DEV) | 제품 통합 (Product Integration) | O | O | O | | |
| | 기술적 솔루션 (Technical Solution) | O | O | O | | |
| 협력업체 (SPM) | 협력업체 계약 이행 관리 (Supplier Agreement Management) | O | O | O | O | |
| 서비스 (SVC) | 지속성 유지 (Continuity) | O | O | O | | |
| | 사건 해결 및 예방 (Incident Resolution & Prevention) | O | O | O | | |
| | 서비스 제공 관리 (Service Delivery Management) | O | O | O | | |
| | 전략적 서비스 관리 (Strategic Service Management) | O | O | O | | |
| 안전 (SAF) | 안전성 확보 (Enabling Safety) | O | O | O | | |
| 보안 (SEC) | 보안성 확보 (Enabling Security) | O | O | O | | |
| | 보안 위협 및 취약성 관리 (Managing Security Threats & Vulnerabilities) | O | O | O | O | |
| 데이터 (DATA) | 데이터 관리 (Data Management) | O | O | O | | |
| | 데이터 품질 (Data Quality) | O | O | O | | |
| 인력 (PPL) | 구성원 권한 강화 (Workforce Empowerment) | O | O | O | | |
| 가상업무 (VRT) | 가상 업무 지원 (Enabling Virtual Work) | O | O | O | | |

■ 핵심 프렉티스 영역(Core Practice Areas)

표 4.7 핵심 프렉티스 영역

| 프렉티스 영역 | 레벨 1 | 레벨 2 | 레벨 3 | 레벨 4 | 레벨 5 |
|---|---|---|---|---|---|
| 근본원인 분석/해결<br>(Casual Analysis & Resolution) | O | O | O | O | O |
| 형상 관리<br>(Configuration Management) | O | O | | | |
| 산정<br>(Estimating) | O | O | O | | |
| 거버넌스<br>(Governance) | O | O | O | O | |
| 이행 인프라<br>(Implementation & Infrastructure) | O | O | O | O | |
| 감시 및 통제<br>(Monitor & Control) | O | O | O | | |
| 조직적 교육훈련<br>(Organizational Training) | O | O | O | | |
| 동료 검토<br>(Peer Review) | O | O | O | | |
| 계획 수립<br>(Planning) | O | O | O | O | |
| 프로세스 자산 개발<br>(Process Asset Development) | O | O | O | | |
| 프로세스 관리<br>(Process Management) | O | O | O | O | |
| 프로세스 품질보증<br>(Process Quality Assurance) | O | O | O | | |
| 성과 측정 및 관리<br>(Managing Performance & Measurement) | O | O | O | O | O |
| 요구사항 개발 및 관리<br>(Requirements Development & Management) | O | O | O | | |
| 리스크 및 기회 관리<br>(Risk & Opportunity Management) | O | O | O | | |
| 검증 및 확인<br>(Verification & Validation) | O | O | O | | |

## ■ CMMI 심사 기준

CMMI 심사(Appraisal)는 단순히 "문서만 잘 만들었는가"를 보는 것이 아니라, 조직이 실제로 표준화된 프로세스(업무 절차)를 실행하고 있는지, 그리고 그 결과가 지속적으로 유지, 관리되고 있는지를 정의된 방법론에 따라 체계적으로 확인한다. 심사 기간은 심사 조직의 규모와 심사 범위(성숙도 레벨, 프로젝트 수 등)에 따라 차이가 있으나, 심사 준비 검토(Appraisal Readiness Review)는 2~3일, 현장 심사(On-site Appraisal)는 5~10일 소요된다.

주요 심사 기준은 다음과 같다.

- **프렉티스(Practice) 수행 여부**: CMMI 모델에서 정의한 프렉티스 영역(Practice Area)의 해당 프렉티스가 실제로 이행 되었는가에 대해 확인함(객관적인 증거 산출물 존재 여부 확인)
- **프렉티스 영역의 목표(Goal) 수행 여부**: 각 프렉티스 영역의 목표가 달성되었는가에 대해 문서뿐만 아니라 관련자 인터뷰, 산출물의 적절성 및 관련 활동 기록을 통해 검증
- **프로세스 내재화(Institutionalization) 여부**: 조직 차원의 표준 프로세스 정립과 이를 이행하기 위한 경영층의 방침(Commitment)이 수립되고 적절한 자원과 자금이 제공되고 있는지를 확인하며, 표준 프로세스(Tailed Process)가 조직 내 모든 프로젝트 및 관련 부서에서 일관되게 적용되고 있는지를 확인

## ■ CMMI 심사 절차

CMMI 공식 인증심사는 보통 심사계획 수립 → 심사 준비 검토(예비 심사) → 현장 심사(공식 심사) → 심사 결과 발표 및 CMMI Institute 보고 단계로 진행된다.

- **심사계획 수립(Appraisal Plan)**: 심사 대상 조직(OU)과 심사 범위 정의, 심사팀 구성 (공인 Lead Appraiser 및 심사원), 피 심사원(인터뷰 대상자) 선정, 심사계획서 등을 수립한다.
  - 심사원은 일반적으로 심사 조직 내부 인력(3~5명)으로 구성하며, 자격조건은 CMMI 공인 교육과정을 이수하고 관련 시험에 합격(Pass)해야 함
  - 심사 대상 프로젝트와 프렉티스 영역은 공식 심사 약 3개월 전에 미국 CMMI Institute에서 랜덤 샘플링하여 선정함
  - 심사 대상 프로젝트 수는 조직의 규모에 따라서 차이가 있으나, 보통 대표성 있는 3~6개 프로젝트로 선정함

- **심사 준비 검토**(Appraisal Readiness Review) : 공식 심사 1~2개월 전에 심사 장소의 환경, 심사원 및 피심사원 가용성, 심사 대상 프로젝트의 산출물 준비 상태, 심사에 따른 제약 및 리스크 등의 전반적인 심사 준비 상태를 검토한다.
- **현장 심사**(On-site Appraisal) : 현장 심사는 심사 착수 회의, 작업산출물/인터뷰 심사, 프렉티스 이행의 객관적 증거자료 수집 및 발견 사항(강/약점, 개선기회) 검토, 프렉티스 평가(완전충족, 대부분충족, 일부충족, 미충족) 및 프렉티스 영역과 성숙도 레벨 달성의 만족 여부(만족, 불만족)를 최종 판정한다. 프렉티스와 프렉티스 그룹에 대한 평가는 객관적 증거자료를 기반으로 심사팀 전원의 검토와 합의(Consensus)를 통해 결정한다.
- **심사 결과 발표**(Final Findings Presentation) : 심사 리더는 심사팀의 검토와 합의가 완료된 최종 심사 결과서를 작성하여 심사 대상 조직(스폰서)에게 심사 결과를 발표한다. 최종 발표에 앞서 필요시, 심사 참여원(인터뷰 대상자)을 대상으로 심사 결과 초안(Preliminary Findings)을 공유하고 필요시, 내용을 수정, 보완한다.
- **심사 결과 CMMI Institute 제출**: 심사 리더는 심사자료와 결과를 CMMI Institute에 제출하고, CMMI Institute는 접수 후 2개월 이내에 심사자료를 검토, 확인하여 최종 승인을 한다. CMMI 인증 여부 확인은 CMMI Institute 홈페이지에서 확인할 수 있으며, 인증 유효기간은 3년(Benchmark appraisal 기준) 이다.

### ■ 국내·외 CMMI 심사 현황

CMMI Institute의 Technical Report:Performance Results에 의하면, 2019부터 2024년까지 전 세계 CMM 및 CMMI 심사의 **약 90%가 중국(76.3%)과 미국(13.0%)**에서 수행되고 있다. 그 뒤로는 인도가 6.2%, 멕시코와 스페인 0.6% 수준이고 **한국은 0.3%** 수준에 그치고 있다.

또한, 한국 소프트웨어 정책연구소(SPRI)의 조사 결과에 따르면, 2024년 10월 기준에서 CMMI 인증등급을 유지하고 있는 전 세계 기업의 수는 13,671개 기업이며, 이 중 중국(81.5%)과 미국(9.8%)이 91% 이상으로 거의 대부분을 점유하고 있다.

중국이 CMMI 심사 건수가 지배적으로 많은 이유는 단순히 IT 기업 수가 많기 때문만은 아닐 것이다. 아마도 그것의 주된 원인은 중국 정부가 CMMI를 국가 소프트웨어 산업 경쟁력 강화의 전략적 도구로 활용하고 있고, CMMI 인증취득 기업에 재정 보조금을 제공하고 있기 때문이라고 생각한다. CMMI Institute 에게는 중국이 최대의 CMMI 고객(수요기업)일 것이다. 그렇다면 향후 중국 정부의 CMMI 인증취득 재정 지원 정책이 시들해 지면 지금의 CMMI 전성기(?)가 계속 지속될까가 자못 궁금해진다.

한국 소프트웨어 정책연구소(SPRI)의 통계 조사 결과에 따르면, 2024년 10월 기준, 국내 CMMI 인증유지 기업 수는 48개 회사이며, **73%가 레벨2 (16.7%) 또는 레벨3 (56.3%)**를 보유하고 있고, 레벨4와 레벨5는 각각 8.3%, 18.8%에 불과하다. 이러한 분포는 전 세계적 평균과도 유사한 수준이다.

이처럼 국내 대부분의 조직은 레벨3 인증을 획득하고 있고, 레벨4, 5 인증은 국방산업 분야의 몇몇 체계업체에서 획득하고 있다. 그 이유는 다음과 같은 몇 가지로 설명될 수 있다.

- **첫째**, 필자가 약 25년간 CMMI 추진 실무와 CMMI 인증 컨설팅 경험 그리고 필자의 CMMI 연구 결과 등을 통해 봤을 때, 해당 프로젝트 성과와 개발 제품의 품질에 직접적인 영향을 미치는 성숙도 수준은 CMMI 레벨3이기 때문이라고 판단한다. 실제로 방위사업청의 "무기체계 연구개발사업의 체계공학(SE)기반 기술관리업무 실무지침서"에서도 CMMI 레벨 3 수준의 내용에 초점을 두고 있다.
- **둘째**, 방위사업청의 무기체계 제안서 평가 업무 지침에서 CMMI 인증 획득 여부에 대한 제안서 평가점수를 CMMI 레벨2·3 (50%)와 레벨4·5 (100%)를 차등화하고 있기 때문이라고 생각한다. 다시 말해서 체계업체는 방위사업청의 사업 수주 경쟁력을 확보하기 위해서 CMMI 레벨4 또는 레벨5 인증을 획득하는 것으로 볼 수 있다.
- **셋째**, CMMI 레벨 4, 5 인증을 획득하기 위해서는 투입되는 노력(Effort)과 기간도 많이 소요되지만, 무엇보다 인증심사 비용이 매우 높다는 것이다. 순수 심사비용에 컨설팅 비용까지 더하면 레벨4, 5 심사는 레벨2, 3 인증 비용 대비 2배 이상이 소요되는 것이 현실이다. 그래서 중소기업에서는 레벨4, 5 인증의 유용성과 비용 측면에서 CMMI 레벨3 인증을 획득하거나 SP 품질인증을 획득하는 것으로 생각한다.

### 4.2.2 SP(Software Process) 품질인증

#### ■ SP 품질인증 제도 개요

SP 품질인증 제도는 소프트웨어를 개발, 관리하는 국내 기업 및 조직의 소프트웨어 프로세스 품질 향상과 신뢰성 확보를 위해, 소프트웨어 기업 또는 개발 조직의 소프트웨어 프로세스 품질 역량 수준을 심사하여 등급을 부여하는 제도이다. 소프트웨어 제품 자체의 품질(Product Quality)이 아니라 개발 프로세스 품질(Process Quality)을 평가하는 제도이다. SP 품질인증 제도는 소프트웨어 진흥법과 시행령 및 시행규칙에서 제도화되어 있으며 정책의 운영기관은 과학기술정보통신부이며, 인증은 정보통신산업진흥원(NIPA)에서 주관하면서 인증심사 및 인증서 발급, 인증심사원 관리 업무 등을 수행하고 있다.

연간 약 30여개 기업이 SP 품질인증을 획득하고 있으며, 중소/중견기업에서는 SP 품질인증의 혜택과 인증심사 비용 측면에서 CMMI 인증보다는 SP 품질인증을 획득하고 있다고 본다.

## ■ SP 품질인증의 이점(benefit)

- 소프트웨어 기술성 평가 시, 품질보증 평가 항목에서 SP인증 획득 여부를 확인하고 평가하도록 명시 - SW진흥법 시행령(제22조), SW기술성 평가기준 지침
- SW사업 하도급계약의 적정성 판단 시, SP인증 기업에 가점(2점) 부여 - SW사업 계약 및 관리감독에 관한 지침
- 국방분야 연구개발 사업자 선정 시, SP 품질인증 여부를 제안서 평가점수에 반영( CMMI 레벨2·3는 SP 2등급과 그리고 CMMI 레벨4·5는 SP 3등급과 동등 평가) - 무기체계 연구개발 사업 제안서 평가 및 협상 지침, 방위사업청

## ■ SP 품질인증 등급

SP 품질인증은 1등급에서 3등급까지로 정의하고 있으며 3등급이 최고의 등급이다.

- **1등급**: 프로젝트 수행을 위한 기본적인 활동들이 안정적으로 수행되지 못해서 비용, 납기, 품질 측면에서 기대되는 목표를 충족시키지 못할 확률이 높은 상태의 역량 수준
- **2등급**: 개별 프로젝트 수행을 위한 프로젝트 차원의 프로세스가 수립되고 이를 기반으로 프로젝트를 관리, 통제하여 성공적으로 프로젝트를 수행할 수 있는 역량 수준
- **3등급**: 조직 차원의 표준 프로세스를 정의하고 정량적인 데이터 관리를 통해 지속적으로 프로세스를 개선하며, 발생한 문제의 근본 원인 분석과 해결을 통해 일관된 품질 수준의 프로젝트 수행이 가능한 역량 수준

## ■ SP 품질인증 평가 영역과 항목

SP 품질인증 체계는 프로젝트관리 영역, 개발 영역, 지원 영역, 조직관리 영역 및 프로세스 개선 영역 등의 5개의 영역과 16개의 평가 항목으로 구성되어 있다. 1등급 인증은

개발 영역에 한정하고, 2등급 인증은 프로젝트관리와 개발 영역이 대상이며, 3등급 인증은 조직관리 및 프로세스 개선 영역을 포함한 5개 영역 모두가 인증 대상이다.

## ▪ SP 품질인증 등급별 특징과 심사 영역

표 4.8 SP 인증 등급별 특징과 심사 영역

| 등급 | 특징 | 심사 영역 |
|---|---|---|
| 1등급 | 프로젝트 성공 여부와 관계없이 특정 프로젝트를 수행할 수 있는 수준이나, 프로젝트 수행을 위한 기본적인 활동들이 안정적으로 수행되지 못하여 품질, 비용, 납기 측면에서 기대되는 목표를 충족시키지 못할 가능성이 높은 상태로써 프로젝트 수행을 위한 역량 개선이 필요한 수준 | • 개발 |
| 2등급 | 개별 프로젝트 수행을 위해 필요한 프로세스가 프로젝트 차원에서 수립되고, 이를 기반으로 프로젝트를 통제하여 프로젝트를 성공적으로 수행할 수 있는 수준 | • 개발<br>• 지원<br>• 프로젝트관리 |
| 3등급 | 조직의 표준 프로세스 체계를 정의하고 정량적인 데이터 관리를 통해 조직 차원의 프로세스를 개선하고 발생되는 문제의 근본 원인을 해결함으로써 일관된 품질 수준의 프로젝트 수행이 가능하고, 지속적으로 프로세스를 개선할 수 있는 수준 | • 프로세스관리<br>• 조직관리<br>• 개발<br>• 지원<br>• 프로젝트관리 |

## ▪ SP 품질인증 평가 항목

표 4.9 SP 품질인증 평가 항목

| 영역 | 평가 항목 | 주요 평가 내용 |
|---|---|---|
| 프로젝트 관리 | 프로젝트 계획 | 프로젝트 목표/범위 결정, 공수/비용 산정, 일정/예산 수립, 제반 프로젝트 관리 요소의 계획수립, 프로젝트 계획서 작성/승인 |
| | 프로젝트 관리 및 통제 | 프로젝트 계획 요소 확인 및 진척사항 검토, 단계별 산출물 검토, 이슈 식별/분석 및 시정조치 |
| | 협력업체 관리 | 외주범위 결정, 협력업체 평가/선정 및 계약체결, 제품/서비스 인수 |
| 개발 | 요구사항 관리 | 외주범위 결정, 협력업체 평가/선정 및 계약체결, 제품/서비스 검수 및 인수 |
| | 분석 | 요구사항 정의, 요구사항 변경관리, 요구사항과 산출물간 추적성 유지 |

| | | |
|---|---|---|
| 개발 | 설계 | 구조설계, 상세설계, 시험계획 수립 |
| | 구현 | 소프트웨어 단위 구현, 단위시험, 소프트웨어 통합 |
| | 시험 | 통합시험, 시스템시험, 인수(시험)지원 |
| 지원 | 품질보증 | 품질보증 계획 수립, 품질보증활동 수행 및 결과관리 |
| | 형상관리 | 형상관리 계획 수립, 형상식별, 형상통제, 형상확인, 형상관리 자료 기록관리 |
| | 측정분석 | 측정분석 계획수립, 데이터 측정분석 및 결과관리 |
| 조직관리 | 조직 프로세스 관리 | 조직 표준 프로세스 정의, 프로세스 테일러링 가이드라인 수립, 조직 표준 프로세스 확산적용, 프로세스 관련 경험과 자산 축적 |
| | 구성원 교육 | 교육훈련 체계 및 계획 수립, 교육훈련 실시, 교육훈련의 효과성 평가 |
| 프로세스 개선 | 조직성과 관리 | 조직의 프로세스 성과 목표/베이스라인/모델 정의, 프로젝트 성과 목표 수립, 성과 데이터 측정분석 |
| | 문제 해결 | 문제해결 가이드라인 수립, 문제식별 및 원인 분석과 해결방안 수립, 문제 해결 및 문제해결 기록 관리 |
| | 프로세스 개선 관리 | 조직 표준 프로세스 요구와 목표 수립, 프로세스 강/약점 평가 및 개선 계획수립, 개선 활동 및 성과 기록 관리 |

■ SP 품질인증 절차

SP 품질인증 절차는 SP인증심사 신청 → 심사팀 구성 및 심사계획 수립 → 현장심사 → 심사결과 보고 → SP 품질인증서 발급 순으로 진행된다.

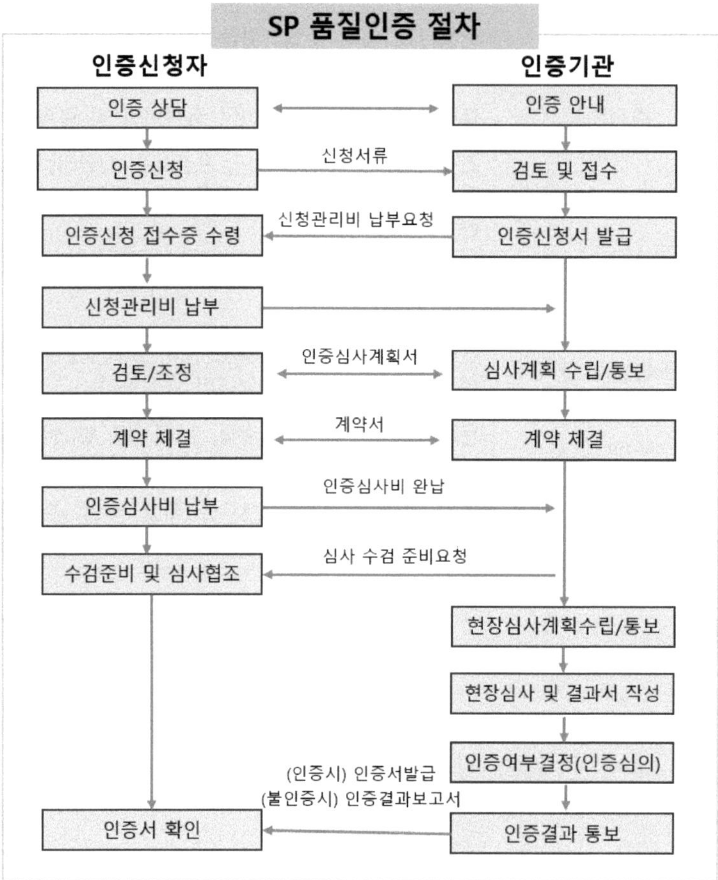


그림 4.3 SP인증 절차

■ SP 심사 대상 프로젝트

SP 품질 인증심사 대상 범위는 기업(전체) 또는 기업의 특정 조직 단위(예:SI사업부)가 되며, 심사 대상 프로젝트로는 소프트웨어 개발 수명주기 상의 단계 및 절차를 거쳐 수행한 인증신청 기업/조직의 심사 대상 범위에 속한 모든 프로젝트로써, 프로젝트 종료단계에 있거나 종료된 지 2년이 경과되지 아니한 프로젝트가 대상이다. 1등급과 2등급 심사는 심사 대상 조건에 부합하는 2개의 프로젝트를 3등급 심사는 3~4개의 프로젝트를 심사팀에서 선정한다.

■ **SP 심사 일수 및 인증 유효기간**

인증심사의 최소 소요일수는 신규 심사 기준으로 1등급 심사는 2일, 2등급 심사는 4일, 3등급 심사는 5일이다. SP 인증 유효기간은 3년이며, 인증 유효기간 연장제도를 활용하면 총 7년 동안의 인증 유효기간을 확보할 수 있다. 유효기간 연장은 신규 심사 후, 현장실사를 통해 총 2회 연장할 수 있으며, 1회 연장할 때마다 유효기간 2년이 연장된다. 단, 인증 유효기간 연장을 위해서는 신규 심사 후, 인증 유효기간 내에 매년 1회 이상 품질 활동 실적 보고서를 인증기관에 제출해야 하며, 유효기간 연장 신청서를 제출하고 연장심사(약식)를 받아야 한다.

### 4.2.3 안전 중시(Safety-Critical) 시스템 인증 - DO-178C, ISO 26262

시스템의 고장으로 인해 사고가 발생했을 때, 인명이나 재산 및 환경에 막대한 피해를 주기 때문에 시스템의 안전성(Safety) 확보가 매우 중요하다. 소프트웨어가 시스템의 안전에 미치는 영향을 체계적으로 분석하고 관리하여 사람, 재산, 환경에 수용할 수 없는 위험(Unacceptable Risk)이 발생하지 않도록 하는 활동을 해야 한다, 특히, 자동차, 항공기, 의료기기, 철도, 원자력 등 안전 중시(Safety-Critical)가 요구되는 산업에서는 필수적으로 시스템의 안전 관리 활동이 요구된다.

안전(Safety)이란, 수용할 수 없는 위험으로부터의 자유(출처; ISO/IEC GUIDE 51) 또는 사망, 부상, 직업병, 재산의 손상 또는 손실, 환경 피해를 초래할 수 있는 상태로부터의 자유(출처: MIL-STD-882E)라고 관련 표준에서 정의한다. 위험은 완전히 제거할 수 없으므로 위험을 수용 가능한 수준까지 낮추는 것이 안전 관리의 목표이다.

위험원(Hazard)이란, 사람이나 재산, 환경 등에 유해(Harm)를 가할 가능성이 있는 잠재적 원인 또는 상태를 말한다. 예를 들어, 자율주행 차량의 카메라 소프트웨어의 오류로 인해 보행자를 인식 못하고 차량이 계속 주행하는 상황에서 "차량이 보행자를 인식하지 못해 충돌할 가능성이 있는 상태"가 위험원(Hazard)이 된다. 유해(Harm)는 위험원(Hazard)이 현실화되어 사람이나 재산, 환경 등에 실제로 피해가 발생하여 나타난 부정적 결과를 말한다. 예를 들어, 실제 보행자가 차량과 충돌하여 중상을 입은 상태(보행자의 골절 및 생명 위협)

가 유해(Harm)이다.

위험 (Risk)이란, 위험원(Hazard)이 유해(Harm)로 이어질 가능성(발생 확률), 그 피해의 심각도 및 발생한 유해(Harm)의 제어 가능성을 조합의 평가이다 (위험 = f(가능성, 심각도, 제어가능성). 예를 들어, 자율주행 차량은 도심에서 항상 보행자와 상호 작용하므로, 매우 자주 발생 가능(E4)하고, 매우 심각(S3)하며, 운전자가 거의 제어 불가(C3)한 것으로 안전 무결성 등급(ASIL)이 매우 높다(D등급).

시스템의 안전 중시가 요구되는 산업별 안전 규격에는 전기·전자 산업에 적용되는 IEC 61508을 기반으로 ISO 26262(자동차), DO-178C(항공), IEC62304(의료), EN 50126/EN 50128(철도), MIL-STD-882E(국방) 등이 있다. 정보통신산업진흥원(NIPA)에서는 이러한 산업별 상세한 안전 가이드를 개발하여 제공하고 있다. 본 장에서는 항공산업에 적용되는 DO-178C 표준과 자동차 산업에 적용되는 ISO 26262 표준에 대해서 간략하게 설명한다.

### ■ DO-178C

DO-178C(Software Considerations in Airborne Systems and Equipment Certification)는 RTCA(Radio Technical Commission for Aeronautics)에서 제정한 항공전자 시스템(Avionics)에서 사용되는 소프트웨어의 개발과 검증 절차를 정의한 국제 표준이다. DO-178C의 주된 목적은 항공기 탑재 소프트웨어가 시스템 수준의 안전 요구사항(Safety Requirements)을 충족하는지 보증하고 개발 수명주기 전체에 걸쳐 추적성(Traceability) 확보하고 인증기관(FAA, EASA)이 안전성을 평가할 수 있도록 명확하고 객관적인 증거를 제공함에 있다. 미연방항공청 FAA(Fedral Aviation Administration)는 DO-178 표준을  항공기 소프트웨어 인증을 위한 용도로 사용할 것을 인정하였으며, 관련 산업계에서는 사용 항공기에 탑재되는 항행안전시스템의 소프트웨어 개발을 위한 산업계 표준(De facto)으로 활용하고 있다. 따라서 항공기 소프트웨어를 개발하는 조직은 DO-178C를 기반으로 항공기 소프트웨어 감항 요구사항 준수를 위해 필요한 활동을 해야한다.

DO-178C에 대한 완전한 이해를 위해서는 DO-178C 표준 문서 외에 5개의 공식 부속 문서를 참조하면 된다. 특히, DO-330 문서는 도구의 신뢰도를 입증하여, 개발 및 검증 활동을 줄이거나 대체할 수 있도록 하는 근거를 제공하기 때문에 반드시 참조해야 할 필요가 있다.

표 4.10 DO-178C 부속 문서 목록

| DO-178C 부속 문서 | 주요 내용 |
|---|---|
| DO-330(Software Tool Qualification Considerations) | SW개발 및 검증에 사용되는 도구의 자격 인정(qualification) 절차와 방법을 규정 |
| DO-331(Model-Based Development and Verification Supplement) | 모델 기반 개발(MBSE, MBD) 및 모델 검증 수행 시 DO-178C 적용 방법을 보완 |
| DO-332(Object-Oriented Technology and Related Techniques Supplement) | 객체지향 기법(OOT)과 관련된 SW 설계 및 검증 시 고려 사항을 정의 |
| DO-333(Formal Methods Supplement) | 정형 기법(Formal Methods)을 활용한 요구사항 및 설계 검증 시 적용 지침 제시 |
| DO-248C(Supporting Information for DO-178C and DO-278A) | 추가 정보 |

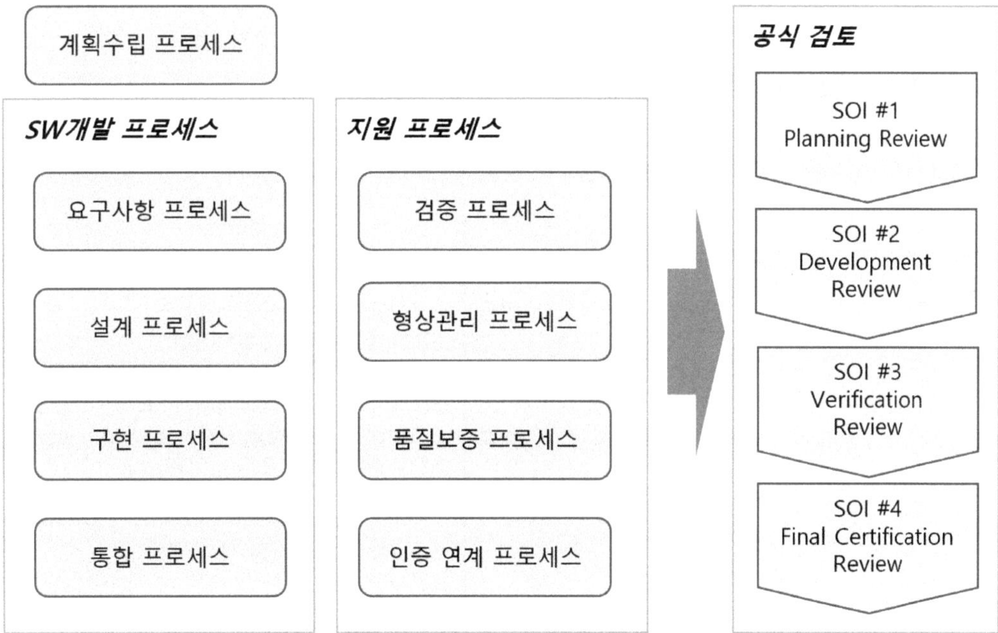


그림 4.4 DO-178C 프로세스 구성

SOI(Stage of Involvement)는 인증기관이 소프트웨어 개발·검증 과정에 공식적으로 참여하는 단계적 심사 절차를 의미한다. SOI #1(Planning Review)는 개발 초기(계획 수립 완료 시점)에 인증 계획과 표준, 절차가 DO-178C 요구사항에 부합하는지 사전 확인하는 활동이다. SOI #2(Development Review)는 요구사항 분석과 설계 완료 후(또는 구현 과정)에서 개발 산출물의 품질과 추적성 확인하는 활동이고, SOI #3(Verification Review)는 테스트, 코드분석 등 검증 완료 후에 검증 절차와 결과가 계획에 맞게 수행되었는지 확인하는 활동이다. 마지막 단계인 SOI #4(Final Certification Review)는 모든 개발 및 검증이 종료 후, 전체 프로세스와 산출물의 일관성, 추적성, 품질 상태를 최종적으로 확인하는 활동이다.

DAL(Development Assurance Level)은 항공 소프트웨어의 오류가 발생했을 때 항공기 운항 안전에 미치는 잠재적 영향의 정도를 기준으로 개발 및 검증의 수준을 규정한 등급을 말한다. DAL 레벨은 시스템 수준에서의 안전성(위험원) 분석을 통해 시스템 실패 영향도를 파악하여 결정되며, DAL A(재앙적 영향성), DAL B(심각한 영향성), DAL C(중대한 영향성), DAL D(경미한 영향성), DAL E(영향성 없음) 등 5개 등급으로 구분한다. DAL 레벨에 따라 검토, 시험, 형상관리, 품질보증 등의 프로세스 및 산출물에 대한 엄격도 수준도 달리 요구된다.

표 4.11 DO-178C 프로세스별 주요 활동과 산출물

| 프로세스 | 주요 활동 | 산출물 |
|---|---|---|
| 계획수립 프로세스 | 위험도 레벨에 맞는 목표와 인증 범위 정의<br>개발 수명주기 환경 설정 및 각종 계획서·표준서 수립<br>프로세간 상호관계 및 진입 조건 정의 | 소프트웨어 인증 계획서(PSAC)<br>소프트웨어 개발 계획서(SDP)<br>소프트웨어 검증 계획서(SVP)<br>소프트웨어 형상관리 계획서(SCMP)<br>소프트웨어 품질관리 계획서(SQAP)<br>소프트웨어 요구사항 표준서(SRStd.)<br>소프트웨어 설계 표준서(SDStd.)<br>소프트웨어 코딩 표준서(SCStd.) |
| 요구사항 프로세스 | 상위 수준 요구사항 도출<br>파생 요구사항 도출 | 소프트웨어 요구사항 데이터(SRD)<br>요구사항 추적표 |
| 설계 프로세스 | 소프트웨어 아키텍처 설계<br>하위 수준 요구사항 도출<br>파생 요구사항 도출 | 소프트웨어 요구사항 데이터(SRD)<br>소프트웨어 설계 기술서(SDD)<br>요구사항 추적표 |

| | | |
|---|---|---|
| 구현 프로세스 | 소스 코드 개발<br>타겟 장비 소프트웨어 탑재, 실행 | 소스 코드(Source Code)<br>실행 파일 (Executable Object Code)<br>요구사항 추적표 |
| 통합 프로세스 | 타겟 장비 소프트웨어 탑재, 실행 | 실행 파일 (Executable Object Code) |
| 검중 프로세스 | 요구사항 데이터 및 설계서 검토<br>소스코드 검토 및 정적분석 | 요구사항,설계서,코드 검토결과서<br>검증 케이스 및 절차서(SVCP)<br>정적·동적 시험 결과서<br>소프트웨어 검증 결과서(SVR)<br>요구사항 추적표 |
| 형상관리 프로세스 | 산출물 등록 및 변경 관리 | 소프트웨어 형상관리 기록(SCMR)<br>릴리즈 버전 및 배포기록 |
| 품질보증 프로세스 | 산출물 검토 및 승인<br>SOI 단계별 자체 심사 | 소프트웨어 품질관리 기록(SQAR) |
| 인증연계 프로세스 | SOI 단계별 검토 | 문제보고서(PR)<br>SOI(#1~4) Review Package<br>SW 성취 요약 보고서(SAS) |

## ■ ISO 26262

ISO 26262는 자동차 산업에서 안전 관련 전기·전자 시스템(E/E Systems)의 기능 안전성(Functional Safety)을 보장하기 위한 국제 표준이다. 자동차의 첨단화와 전자화가 증가함에 따라 전자제어장치 오작동으로 인한 사고 및 인명 손실을 최소화하고 리스크를 체계적으로 관리하기 위해 2011년 국제 표준으로 제정되었다. 소프트웨어 기능 안전(Functional Safety)의 핵심은 전기·전자 시스템의 오류로 인해 위험한 상황(Hazardous Event)이 발생하지 않도록 설계, 검증, 관리하는 것이다.

ISO 26262는 시스템 개발, 소프트웨어 개발, 하드웨어 개발, 생산 및 운영 등 총 10개 파트(Part)로 구성되어 있으며, 총 43개의 요구사항 및 권고 사항으로 이루어져 있다. 자동차 전체 시스템이 적용 대상이며 개발 초기부터 생산, 폐기에 이르는 전체 생명주기에서 안전 관련 요구사항을 포함하고 있다. 자동차 제조사는 전체 개발단계에서 ISO 26262 표준을 준수하였음을 객관적인 문서로 증명해야 하고 소프트웨어 기능 안전과 관련된 사항들이 설계, 개발 및 생산 등 모든 수명주기 단계에서 고려되어 적절하게 반영되었음을 증명해야 한다.

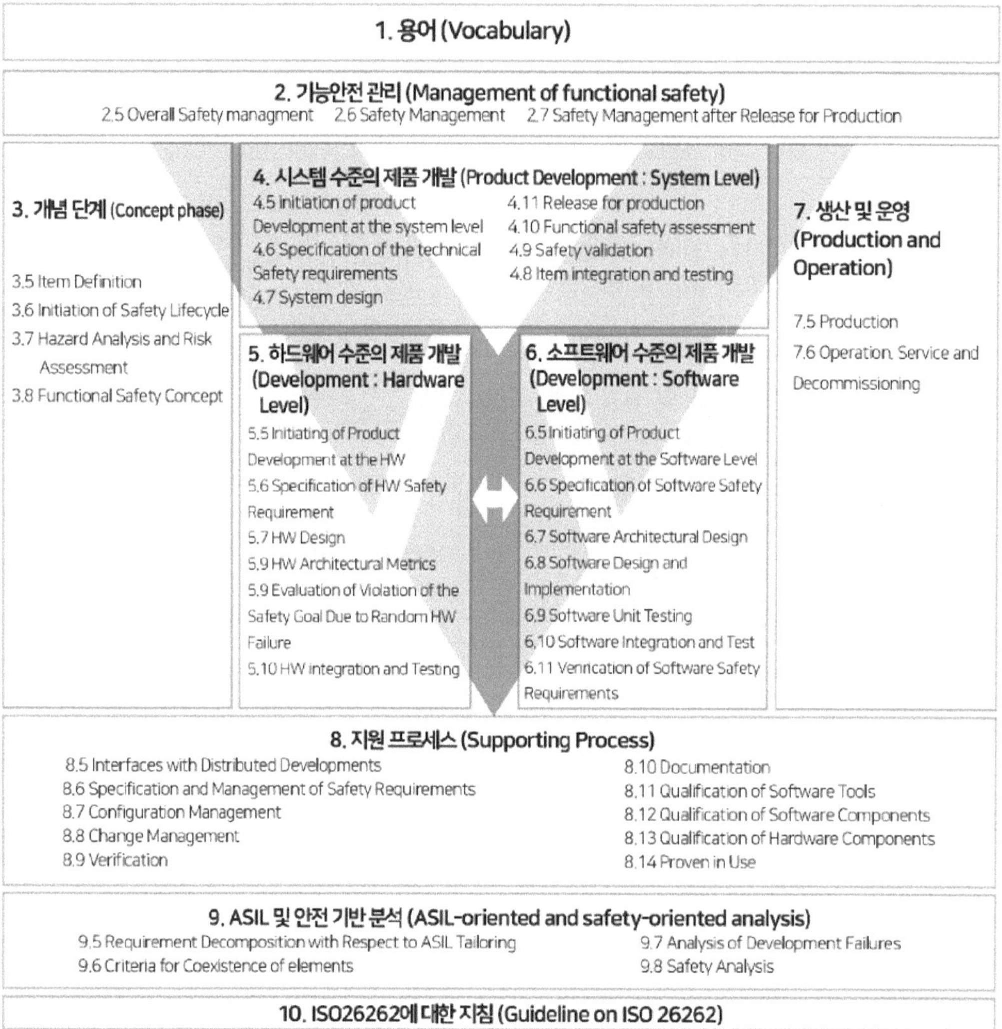


그림 4.5 ISO 26262 구성

ISO 26262는 전체 10개의 파트 (Part)로 구성되어 있다.

- Part 1: 용어와 정의(Vocabulary)
- Part 2: 기능 안전 관리(Management of functional safety)
- Part 3: 개념 단계(Concept phase)
- Part 4: 시스템 개발(System-level product development)

- Part 5: 하드웨어 개발(Hardware-level product development)
- Part 6: 소프트웨어 개발(Software-level product development)
- Part 7: 생산 및 운영(Production, operation, service, decommissioning)
- Part 8: 지원 프로세스(Supporting processes, 예: 툴 검증, 문서화 등)
- Part 9: ASIL 및 안전 분석 기법(ASIL-oriented and safety analyses)
- Part 10: 표준 적용 가이드라인(Guideline)

ISO 26262에서 자동차 기능 안전성 확보를 위한 핵심 활동 중 하나가 **위험원 분석 및 평가(Hazard Analysis and Risk Assessment, HARA)** 활동이다. HARA 활동은 차량 시스템의 잠재적 위험원(Hazard)을 식별하고, 해당 위험이 발생했을 때의 위험도(Risk)를 체계적으로 평가하여 적절한 안전 목표(Safety Goal)를 도출하는 과정이다. 즉, 어떤 위험이 존재하는지, 그 위험이 얼마나 심각하며 발생 가능성이 어느 정도인가를 정량적/정성적으로 평가하여, 시스템의 안전 목표와 안전 요구사항 도출의 근거를 제공한다.

HARA 활동은 위험원 분석 범위 정의 → 위험원 식별 → 위험 평가 → 안전 목표 도출 활동으로 수행된다.

1) 분석 범위 정의
   - 어떤 시스템, 서브시스템, 컴포넌트를 분석할지 정의
   - 시스템의 기능, 경계, 인터페이스, 운영 환경 등을 문서화
2) 위험원 식별
   - 시스템이 고장(Failure) 또는 오동작(Malfunction) 했을 때 발생 가능한 잠재적 위험원을 식별(차량, 도로, 운전자, 주변 환경까지 고려)
3) 위험 평가
   - 위험원의 심각도(S), 발생 가능성/도출도(E), 제어 가능성(C)을 분석하여 자동차의 안전 무결성 수준 (Automotive Safety Integrity Level, ASIL)을 결정
   - 자동차 안전 무결성 수준(ASIL) 등급 결정을 위한 위험 분석 기준
   - 자동차 안전 무결성 수준(ASIL) 등급 결정 기준

     : ASIL 등급 결정은 위험 분석 결과를 기반으로 안전 목표를 A ~ D 등급으로 분류한다. A등급은 가장 낮은 수준이며, D등급은 가장 높은 수준으로 가장 엄격한 요구사항으로 적용한다. QM(Quality Management)은 안전 활동이 필요 없는 일반 품질 관리 수준이다.

표 4.12 위험 분석 기준

| 평가 항목 | 설명 | 등급 예시 |
|---|---|---|
| 심각도<br>Severity (S) | 사고 발생 시 인명 피해의 심각성(S1 ~ S3) | S3<br>(사망/중상) |
| 노출도<br>Exposure (E) | 해당 위험 상황이 발생할 가능성(E1 ~ E4) | E4<br>(매우 자주 발생) |
| 제어 가능성<br>Controllability (C) | 운전자나 시스템이 해당 위험을 제어할 수 있는 능력 (C1 ~ C3) | C3<br>(거의 제어 불가능) |

| 위험 분류 | | C1 | C2 | C3 |
|---|---|---|---|---|
| S1 | E1 | QM | QM | QM |
| | E2 | QM | QM | QM |
| | E3 | QM | QM | A |
| | E4 | QM | A | B |
| S2 | E1 | QM | QM | QM |
| | E2 | QM | QM | A |
| | E3 | QM | A | B |
| | E4 | A | B | C |
| S3 | E1 | QM | QM | A |
| | E2 | QM | A | B |
| | E3 | A | B | C |
| | E4 | B | C | D |

그림 4.6 ASIL 등급 결정 기준

# 부록(Appendix). 작업산출물 템플릿

프로젝트 산출물 양식(템플릿)은 프로젝트에서 적용하는 개발 방법론이나 사내 및 고객의 표준 양식이 우선 적용된다. 아래 작업산출물 양식은 참고용 예시로 제시한다.

양식 01. 프로젝트관리 계획서

양식 02. 형상관리 계획서

양식 03. 품질보증 계획서

양식 04. 프로젝트관리 공수산정 결과서

양식 05. 대안 분석 및 평가 결과서

양식 06. 요구사항 명세서

양식 07. 형상항목 및 기술변경 관리대장

양식 08. 시험결함 관리대장

양식 09. 동료검토 결과서

양식 10. 리스크/이슈관리대장

## 양식1. 프로젝트관리 계획서

# 프로젝트관리 계획서

### 1 개요

1.1 문서의 목적

1.2 적용 범위

1.3 관련 문서 // 본 프로젝트 관련된 내,외부 규정 또는 규격서 등 필요 문서 //

### 2 프로젝트 개요

2.1 프로젝트 개요 // 프로젝트명, 프로젝트 기간, 예산, 발주처(고객), 협력업체 등 //

2.2 프로젝트 목적 및 목표

2.3 시스템 구성 및 제품 형상

### 3 프로젝트 범위

3.1 프로젝트 범위 및 납품 품목

3.2 WBS(Work Breakdown Structure)

### 4 작업산출물 관리 계획

4.1 작업산출물 관리계획 // 산출물 저장소 및 접근권한, 문서번호 및 버전 부여규칙 등 //

4.2 작업산출물 목록(예시)

| 구분 | 산출물 명 | 납품 품목 | 형상 항목 | 동료 검토 | 비고 |
|---|---|---|---|---|---|
| 프로젝트 관리 문서 | 프로젝트 수행계획서 | O | | | |
| | 리스크/이슈관리 대장 | O | | | |
| | 주간/월간 보고서 | | | | |
| | SRR/PDR/CDR 자료 | O | | | |
| | 데이터 측정분석 결과서 | | | | |
| 기술문서 | 고객 요구사항 정의서 | O | | | |
| | 시스템(HW,SW) 요구사항 명세서 | | O | O | |
| | 요구사항 변경관리 대장 | | | | |
| | 요구사항 추적 매트릭스 | | | | |
| | SW 예비/상세 설계서 | | O | O | |
| | 통합시험 계획서/절차서 | O | O | O | |
| | 통합시험 결과서 | O | | | |
| | 시스템 시험계획서/절차서 | O | O | O | |
| | 시스템시험 결과서 | O | | | |

| 품질 및 형상 관리 문서 | 품질보증계획서 | | | | |
|---|---|---|---|---|---|
| | 품질감사 결과서 | | | | |
| | 형상항목 및 기술변경 관리대장 | | | | |

## 5 프로젝트 조직 구성

5.1 프로젝트 추진 조직 구성

5.2 역할과 책임

## 6 예산 및 인력

6.1 프로젝트 예산 // 프로젝트 목표원가 //

6.2 추진인력 및 공수 // 연도별/분기별/월별 투입공수 //

## 7 일정 계획

7.1 종합 일정 계획 (Master Schedule) // 마일스톤 및 주요 업무 일정 //

7.2 세부 일정 계회 (Detail Schedule) // 별도 산출물로 작성 및 진척관리 //

## 8 필요 기술 확보방안

| 구분 | 필요 기술 | 필요시기 | 확보 여부 | 확보 방안 |
|---|---|---|---|---|
| | | | | |
| | | | | |

## 9 자원계획(시설/장비, 도구 등)

| 자원명 | 자원의 스펙 | 용도 | 필요 시기 | 가용성 |
|---|---|---|---|---|
| | | | | |

## 10 리스크관리 계획

10.1 리스크 식별 및 분석

10.2 리스크 평가 기준 (리스크 발생가능성, 프로젝트 영향성, 중요성 평가기준)

10.3 리스크 모니터링

## 11 데이터 측정분석 계획

### 11.1 데이터 측정지표(예시)

| 측정지표 | 측정목적 | 수집데이터 및 산식 | 측정 주기 | 관리목표 |
|---|---|---|---|---|
| 일정 진척율 | 프로젝트의 실적 진행 일정을 파악하고 향후 진척을 예측하여 필요시 적절한 의사결정을 하기 위함 | (실적 진척율/계획 진척율) ×100 | 매월 | 계획대비 90% 이상 |
| 공수 투입율 | 투입공수의 계획대비 실적 차이를 파악하고, 원인을 분석하여 인력투입을 효과적으로 관리하기 위함 | (실적공수/계획공수)×100 | 매월 | 계획대비 90~110% |
| 예산 집행율 | 목표원가의 계획대비 실적 차이를 파악하고, 원인을 분석하여 효과적으로 관리하기 위함 | (실행원가/계획원가)×100 | 매월 | 계획대비 90%~110% |
| 시험결함 발생율 | 시험 항목 대비 결함발생율 관리를 통해 잠재 결함을 조기에 식별/제거하기 위함 | (발생결함수/시험항목수)× 100 | 단계말 | 5% 이하 |

### 11.2 측정 데이터 저장 및 관리 저장소

### 11.3 측정 분석 및 보고/공유 절차

## 12. 협력업체 관리계획(해당 시) // 협력업체 모니터링 및 산출물 인수절차 명시 //

## 13. 프로젝트 변경관리 절차 // 프로젝트 범위, 일정, 인력 등 변경관리 절차//

## 14. 프로젝트 모니터링 및 의사소통 계획

### 14.1 프로젝트 진행 상태 모니터링

### 14.2 이해관계자 의사소통 계획

// 내/외부 이해관계자를 식별, 그들의 관심사항과 요구사항을 기술하고 이를 기반으로 어느 시점에 어느 회의체에 참여해야 하는지, 그들의 책임은 무엇인지 기술 //

## 15 프로젝트 완료

### 15.1 프로젝트 수행 경험(Lessons Learned) 작성, 공유

### 15.2 프로젝트 문서 조직 자산화(Asset)

### 15.3 프로젝트 완료 보고

## 양식2. 형상관리 계획서

### 형상관리 계획서

1 개요

1.1 형상관리의 목적

1.2 형상관리 범위

2 형상관리 절차

2.1 형상관리 계획수립 // 형상관리시스템/환경/도구 구축, 형상관리 조직 및 역할/책임, 형상통제위원회 등 //

2.2 형상(변경)관리 절차 // 형상변경 요청, 변경요청사항 CCB 검토/심의, 변경실행 및 확인 //

2.3 형상자료 유지 // 형상자료: 형상항목(산출물), 형상(기술)변경요청서, CCB 검토/심의결과서 등 //

3 형상기준선 및 항목 식별(예시)

| 형상기준선 | 설정 기준 및 시기 | 형상 항목 |
|---|---|---|
| 기능형상 기준선 | 이해관계자와 공식적인 요구사항 검토/승인 완료 (SRR 후) | 요구사항 명세서 |
| 할당형상 기준선 | | |
| 설계형상 기준선 | | |
| 제품형상 기준선 | | |

4 형상감사 계획 및 절차

5 백업 및 복구 // 백업정책, 백업방식, 복구계획 등 //

## 양식3. 품질보증 계획서

### 품질보증 계획서

1 개요

1.1 품질보증활동의 목적

1.2 품질보증활동 범위

2 품질 목표

2.1 품질목표

2.2 품질목표 측정 방안(예시)

| 구분 | 품질지표 | 측정시기 | 측정방안 및 산식 | 목표 |
|---|---|---|---|---|
| 요구사항 구현율 | 요구사항 반영율 | 분석, 설계, 구현, 시험단계 | $\frac{\text{요구사항반영수}}{\text{요구사항수}} \times 100$ | 100% |
| | 테스트 수행율 | | | |
| 신뢰성 | 시험 결함 조치율 | | | |
| 준수성 | 프로세스 준수율 | | | |

3 품질 조직 구성

3.1 품질 조직

3.2 역할 및 책임

4 개발 단계별 품질보증 활동

5 품질감사

2.1 품질감사 계획 // 품질감사 일정, 품질점검 체크리스트 //

2.2. 품질감사 수행 절차 // 품질감사 계획, 실행 보고 //

2.3 품질감사 시정조치 처리 절차

## 양식4. 프로젝트 공수 산정 결과서

<table>
<tr><td colspan="5">프로젝트 공수 산정 결과서</td><td>공수산정 기준</td><td colspan="4">-중급 SW개발자 기준<br>-1MD=8시간, 1MM=23일</td></tr>
<tr><td>프로젝트 명</td><td colspan="4"></td><td>프로젝트 기간</td><td></td><td></td><td>PM</td><td></td></tr>
<tr><td rowspan="4">최근 유사 프로젝트 Data</td><td rowspan="2">프로젝트 명</td><td colspan="3" rowspan="2"></td><td rowspan="4">공수실적 (MM)</td><td>분석단계</td><td>10</td><td rowspan="4">프로젝트 특이사항</td><td rowspan="4"></td></tr>
<tr><td>설계단계</td><td>12</td></tr>
<tr><td rowspan="2">프로젝트 유형 및 특성</td><td colspan="3" rowspan="2"></td><td>구현단계</td><td>20</td></tr>
<tr><td>시험단계</td><td>5</td></tr>
<tr><td colspan="2" rowspan="2">주요 업무 내용<br>(개발단계, 주요 TASK)</td><td rowspan="2">주요 작업산출물</td><td colspan="2">업무특성</td><td colspan="3">전문가 공수 산정(M/D)</td><td rowspan="2">산정공수 합계(M/M)</td><td rowspan="2">비고</td></tr>
<tr><td>업무 난이도</td><td>재사용도</td><td>전문가1</td><td>전문가2</td><td>평균 산정공수</td></tr>
<tr><td rowspan="4">프로젝트 관리</td><td>일정/비용관리</td><td></td><td></td><td></td><td>S</td><td></td><td></td><td></td><td></td></tr>
<tr><td>형상관리</td><td></td><td></td><td></td><td></td><td></td><td></td><td></td><td></td></tr>
<tr><td>품질관리</td><td></td><td></td><td></td><td></td><td></td><td></td><td></td><td></td></tr>
<tr><td>리스크관리</td><td></td><td></td><td></td><td></td><td></td><td></td><td></td><td></td></tr>
<tr><td rowspan="3">요구분석</td><td>이해관계자 요구사항 분석</td><td></td><td></td><td></td><td></td><td></td><td></td><td></td><td></td></tr>
<tr><td>시스템 요구사항 정의</td><td></td><td></td><td></td><td></td><td></td><td></td><td></td><td></td></tr>
<tr><td>요구사항 검토</td><td></td><td></td><td></td><td></td><td></td><td></td><td></td><td></td></tr>
<tr><td rowspan="2">설계</td><td></td><td></td><td></td><td></td><td></td><td></td><td></td><td></td><td></td></tr>
<tr><td></td><td></td><td></td><td></td><td></td><td></td><td></td><td></td><td></td></tr>
<tr><td rowspan="2">구현</td><td></td><td></td><td></td><td></td><td></td><td></td><td></td><td></td><td></td></tr>
<tr><td></td><td></td><td></td><td></td><td></td><td></td><td></td><td></td><td></td></tr>
<tr><td rowspan="2">시험</td><td></td><td></td><td></td><td></td><td></td><td></td><td></td><td></td><td></td></tr>
<tr><td></td><td></td><td></td><td></td><td></td><td></td><td></td><td></td><td></td></tr>
<tr><td colspan="8">산정공수총계(MM)</td><td></td><td></td></tr>
</table>

[작성 가이드]

- 산정 대상 프로젝트와 유사한 최근 프로젝트의 유형, 특성, 실적공수 기입
- 개발 단계별 주요 업무와 산출물, 업무특성(난이도:상/중/하), 산출물/소스코드 재사용도:상/중/하) 등을 고려한 공수 산정 (해당 업무경험/전문가 참여)

## 양식5. 대안 분석 및 평가 결과서

| 대안 분석 및 평가 결과서 | | | |
|---|---|---|---|
| **프로젝트명** | | **개발단계** | |
| **현안(이슈)** | | | |
| **평가참여자** | | **평가일자** | |
| **대안평가방법** | | | |

| **대안식별** | **대안 설명** |
|---|---|
| 대안1 | |
| 대안2 | |
| 대안3 | |

| **대안** | **장점** | **단점** | **비고(제한사항 등)** |
|---|---|---|---|
| 대안1 | | | |
| 대안2 | | | |
| 대안3 | | | |

| **평가기준** | **가중치** | **대안1** | **대안2** | **대안3** | **비고(평가기준 설명 등)** |
|---|---|---|---|---|---|
| *비용* | *0.4* | *3* | *5* | *5* | |
| *일정* | *0.1* | *7* | *3* | *7* | |
| *기술/성능* | *0.2* | *1* | *5* | *8* | |
| *리스크* | *0.1* | *2* | *8* | *2* | |
| *제작성* | *0.2* | *9* | *2* | *2* | |
| .... | | | | | |
| **평가점수 및 의사결정** | | **4.1** | **4.5** | **4.9** | |
| 비고(관련 자료 등) | | | | | |

[작성 가이드]

- 대안평가 방법: 시뮬레이션, 수학적 분석, 시험, 점수부여(Scoring) 등
- 평가참여자: 대안분석에 참여한 관련 전문가
- 평가 기준: 대안 분석 대상의 사안에 따른 평가기준과 가중치를 수립

## 양식6. 요구사항 명세서

| 시스템 요구사항 명세서 | | | | | | | | 프로젝트명 | | | | | | 문서번호 | | | |
|---|---|---|---|---|---|---|---|---|---|---|---|---|---|---|---|---|---|
| 이해관계자 요구사항 | | Seq | 시스템 요구사항 | | | | 검증방법 | 요구사항 유형 | 우선순위 | 요구사항 상태 | 요구사항 변경 | | | 요구사항 추적성(Tracebility) | | | |
| 요구사항ID | 요구사항 명 | | 요구사항ID | 업무구분 | 요구사항 명 | 요구사항 내용 | | | | | 변경일자 | 변경근거 | 변경내용 | 분석 | 설계 | 구현 | 테스트 |
| | | 1 | | | | | | | | | | | | | | | |
| | | 2 | | | | | | | | | | | | | | | |
| | | 4 | | | | | | | | | | | | | | | |
| | | | | | | | | | | | | | | | | | |
| | | | | | | | | | | | | | | | | | |

[작성 가이드]

- 이해관계자 요구사항: 고객 요구사항(RFP, 대상 시스템의 상위 요구사항 등)
- 시스템 요구사항: 대상 시스템의 요구사항(시스템 요구사항, 구성품 요구사항, 소프트웨어 요구사항 등)
- 업무 구분: 대상 시스템의 형상항목(구성품)
- 검증 방법: 시스템 요구사항의 검증 방법
  〉 분석(Analysis): 문서, 모델, 계산 등을 통해 요구사항이 충족되었는지 정량적·논리적으로 평가하는 방법
  〉 검사(Inspection): 제품·문서·산출물 등을 육안으로 확인하거나 체크리스트로 검토하는 방법
  〉 시연(Demonstration): 시스템을 동작시켜 기본적인 기능이 수행되는지 보여주는 방식의 검증
  〉 시험(Testing): 시스템 또는 구성요소를 실제 또는 모의 환경에서 절차에 따라 실행하고 결과를 확인하는 방법
  〉 특수(Special): 특수한 TOOL, 기술, 절차, 설비 등의 별도의 특수한 자격부여 방법이 필요한 검증 방법
- 요구사항 유형: 기능 요구사항, 성능 요구사항, 인터페이스 요구사항, 제약 요구사항 등

- 우선순위: 요구사항의 중요성·우선순위 (예; 상, 중, 하)
- 요구사항 상태: 신규(최초), 추가, 변경, 보류, 삭제 등
- 요구사항 변경: 요구사항의 변경이력(변경일자, 변경근거, 변경내용) ---형상 변경 관리와 연계
- 요구사항 추적성: 시스템 요구사항이 개발 수명주기 동안 분석, 설계, 구현, 시험 되었음을 해당 산출물을 통헤 보장(Assure)

## 양식7. 형상항목 및 기술변경 관리대장

| 형상항목 및 기술변경 관리대장 | | | 프로젝트명 | | | | 형상관리자 | |
|---|---|---|---|---|---|---|---|---|
| 형상기준선 | 형상항목(산출물) | 버전(승인일자) | | | | | 비고 | |
| *기능형상기준선* | *시스템 요구사항 명세서* | *v1.0 (2024.01.08)* | *v1.1 (2024.03.15)* | | | | | |
| | *구성품 요구사항 명세서* | | | | | | | |
| *할당형상기준선* | | | | | | | | |
| *설계형상기준선* | | | | | | | | |
| *제품형상기준선* | | | | | | | | |
| 기술변경구분 | 기술 변경요청 내용(~을/~으로) | 요청일자/ 요청자 | 검토일자/ 검토자 | 변경에 따른 프로젝트 영향성 (일정, 비용, 품질/성능, 위험관점) | | 변경대상 산출물명 | 산출물 변경일자/ 변경담당자 | 비고 |
| *요구사항* | | | | | | | | |
| *설계* | | | | | | | | |
| | | | | | | | | |

[작성 가이드]

- 작성 시기: 최초 형상기준선 설정 이후부터 본 양식에서 형상항목 기준선을 관리함
- 형상기준선: 프로젝트에서 정의한 형상기준선(베이스라인)
  (예시: 기능형상기준선(FBL), 할당형상기준선(ABL), 설계형상기준선(DBL), 제품형상기준선(PBL))
- 기술변경 구분: 기술변경의 유형(예: 요구사항 변경, 설계변경, 시험계획/절차 변경 등)
- 프로젝트 영향성: 기술변경에 따른 프로젝트에 미치는 영향성 내용(일정, 비용, 품질/성능, 위험 등이 관점)
- 변경 대상 산출물: 기술변경에 따른 관련 변경 산출물

## 양식8. 시험결함 관리대장

| 시험 결함 관리 대장 | | | | 프로젝트 | | | | | PM | |
|---|---|---|---|---|---|---|---|---|---|---|
| 번호 | 시험레벨 | 시험항목 | 결함내용 | 결함 식별일 | 결함분류 | 처리 담당자 | 조치 예정일 / 조치 완료일 | 조치결과 및 확인결과 | 조치시간 | 조치결과 확인자 |
| | | | | | | | | | | |
| | | | | | | | | | | |
| | | | | | | | | | | |
| | | | | | | | | | | |
| | | | | | | | | | | |
| | | | | | | | | | | |

[작성 가이드]

- 시험레벨: 단위시험, 통합시험, 시스템시험, 수락시험 등
- 시험항목: 시험계획서 및 절차서의 정의된 시험 항목
- 결함분류: 치명결함, 중결함, 경결함
- 소요시간: 해당 결함의 조치에 소요된 시간

## 양식9. 동료검토 결과서

<table>
<tr><th colspan="17">동료검토 결과서</th></tr>
<tr><td colspan="2">프로젝트 명</td><td colspan="8"></td><td colspan="2">개발 단계</td><td colspan="5"></td></tr>
<tr><td colspan="2">산출물 명(ver.)</td><td colspan="4"></td><td>검토Size<br>(Page 수)</td><td colspan="3"></td><td colspan="2">검토회의 일자</td><td colspan="2"></td><td>검토회의시간</td><td colspan="2"></td></tr>
<tr><td rowspan="4">검<br>토<br>자</td><td colspan="2">소 속</td><td>직 급</td><td>성 명</td><td colspan="3">역 할</td><td colspan="3">개별검토 시간</td><td colspan="2">검토회의<br>참여시간</td><td>총 검토시간</td><td colspan="3">동료검토 성과자표</td></tr>
<tr><td colspan="2"></td><td></td><td></td><td colspan="3"></td><td colspan="3"></td><td colspan="2"></td><td></td><td>결함발견수</td><td>치명·중 결함수</td><td>경 결함수</td></tr>
<tr><td colspan="2"></td><td></td><td></td><td colspan="3"></td><td colspan="3"></td><td colspan="2"></td><td></td><td>검토결함율</td><td colspan="2"></td></tr>
<tr><td colspan="2"></td><td></td><td></td><td colspan="3"></td><td colspan="3"></td><td colspan="2"></td><td></td><td>검토효과성</td><td colspan="2"></td></tr>
<tr><td>No</td><td>발견위치<br>(page)</td><td colspan="3">~을</td><td colspan="3">~으로</td><td>결함심각도</td><td colspan="2">결함주입<br>단계</td><td colspan="2">완료 예정일</td><td colspan="2">실제 완료일</td><td>확인</td><td>비고</td></tr>
<tr><td></td><td></td><td colspan="3"></td><td colspan="3"></td><td></td><td colspan="2"></td><td colspan="2"></td><td colspan="2"></td><td></td><td></td></tr>
<tr><td></td><td></td><td colspan="3"></td><td colspan="3"></td><td></td><td colspan="2"></td><td colspan="2"></td><td colspan="2"></td><td></td><td></td></tr>
</table>

[작성 가이드]

- 개별 검토 시간: 공식 동료검토에 앞서 사전에 산출물 개인별 개별 검토 시간(해당시)
- 동료검토 성과지표: 검토결함율 = 치명·중결함 수 / 검토Size (page)수
  검토효과성 = 치명·중결함 수 / 검토자 전체 검토 시간의 총합
- 결함 위치: 결함이 발견된 산출물 위치(Page 또는 장,절)
- 결함 심각도: 치명결함, 중결함, 경결함
- 결함 주입 단계: 동료검토에서 발견된 결함이 주입(Injection)된 개발 단계(시점)
- 결함 발견 수: 치명·중결함 수 + 경결함 수

## 양식10. 리스크/이슈관리 대장

| 리스크 및 이슈 관리대장 | | | 프로젝트 | | | | | PM | | |
|---|---|---|---|---|---|---|---|---|---|---|
| 리스크 현황 | | | | | | | | | | |
| ID | 범주 | 리스크 내용 | 식별일자 | 발생 가능성 | 영향도 | 리스크등급 (자동계산) | 처리 담당자 | 처리 예정일 | 처리 방안/ 대책 및 조치결과 | 처리 완료일 |
| R-01 | | | | 5 | 3 | 고(High) | | | | |
| R-02 | | | | 4 | 5 | 고(High) | | | | |
| 이슈/Action Item 현황 | | | | | | | | | | |
| ID | 구분 | 이슈 및 Action Item 내용 | 발생일자 | 관련근거 | | | 처리 담당자 | 처리 예정일 | 처리 방안/대책 및 조치결과 | 처리 완료일 |
| I-01 | 이슈 | | | | | | | | | |
| I-02 | Action Item | | | | | | | | | |

[작성 가이드]

- 용어 정의
  - 리스크: 미래의 잠재적 불확실한 이벤트나 사건
  - 이슈: 사건이 발생했거나 발생이 확실시 되는 사건
  - AI(Action Item): 리스크,이슈 사항은 아니지만 관리해야 할 업무 내용

- 리스크 범주: 일정, 비용, 기술/성능, 자원, 이해관계자 등
- 리스크 발생 가능성/확률(P):
  VeryLow(1): 5%미만 Low(2): 5%~10%미만 Medium(3): 10%~50미만
  High(4): 50%~80%미만 VeryHigh(5): 80% 이상
- 리스크 영향도(상, 중, 하): 리스크가 현실화되었을 경우, 프로젝트의 일정, 비용, 기술/성능에 미치는 영향도
- 리스크 등급: 리스크 발생가능성과 리스크 영향도의 조합으로 리스크의 도출도(중요도) 결정

〈리스크 영향도 분석기준(예시)〉

| 영향도 | 일정 | 비용 | 기술/성능 |
|---|---|---|---|
| 5 (Very High) | 12월 이상 일정 지연 | 10% 이상 비용 초과 | 요구사항 충족 불가 |
| 4 (High) | 6~12개월 일정 지연 | 7%~10% 비용 초과 | 구성품 수준의 재설계 필요 |
| 3 (Medium) | 3~6개월 일정 지연 | 5~7% 비용 초과 | 부품/인터페이스 재설계 필요 |
| 2 (Low) | 3개월 미만 일정지연 | 5% 미만 비용 초과 | 단독품목의 변경 필요 |
| 1 (Very Low) | 일정지연 없음 | 거의 영향 없음 | 기술적 성능감소 없음 |

〈리스크 등급 평가 기준(예시)〉

▪ 위험요소별 분석된 위험발생확률 및 위험 영향도를 기초로 위험등급 결정

| 확률 \ 영향 | 1 | 2 | 3 | 4 | 5 |
|---|---|---|---|---|---|
| 5 | M | M | H | H | H |
| 4 | L | M | M | H | H |
| 3 | L | M | M | M | H |
| 2 | L | L | M | M | M |
| 1 | L | L | L | L | M |

| 위험등급 | 기준 |
|---|---|
| 고(H) | 심대한 혼란 발생 가능 |
| 중(M) | 약간 혼란 발생 |
| 저(L) | 약간 영향 |

### 핵심 리뷰 포인트

1. 프로세스 내재화의 정의와 조직 프로세스 내재화 전략과 방안은?
2. 프로세스 인증제도인 CMMI 모델과 SP품질인증 제도의 구조는?

## References

1. INCOSE, Systems Engineering Handbook: A guide for System Life Cycle Process and Activities (4th Ed.), John Wiley & Sons, 2015
2. NASA, Systems Engineering Handbook (NASA/SP02926-6105 Rev 2). https://ntrs.nasa.gov, 2007
3. ISO/IEC/IEEE 15288 : Systems & Software Engineering-System Life Cycle Process, 2015
4. ANSI/EIA-632: Processes for Engineering a System, 1998
5. IEEE 1220: Standard for Application and Management of the Systems Engineering Process, 2005
6. DOD, Joint OSD/Services/Industry Working Group, MIL-STD-499B(Draft): Systems Engineering, 1993
7. ISO/IEC Guide 51: Safety aspects ; Guidelines for their inclusion in standards
8. PMI, A Guide to the Project Management Body Of Knowledge(PMBOK, 6th), 2013
9. ISACA, CMMI v3.0, 2023
10. ISO/TC, ISO 26262 : Road vehicles-Functional safety, 2010
11. ISACA CMMI Institute, CMMI Technical Report: Performance Results, 2025.5
12. INCOSE, SE Competency Framework (TP-2018-002-01), 2018
13. Alexander Kossiakoff, William N. Sweet, Samuel J. Seymour, Steven M. Biemer, Systems Engineering Principles and Practice(2nd Ed.), John Wiley & Sons,2011
14. Klaus Pohl,, Requirements Engineering: Fundamentals, Principles, and Techniques, Springer, 2010
15. James N. Martin, Systems Engineering Guidebook, Lucent Technology, 1997
16. E. Hull, K. Jackson, J. Dick, Requirements Engineering, Springer, 2010
17. Chalrle S. Wassan, System Engineering: Analysis, Design, Development, John Wiley & Sons, 2006

18. PMI, INCOSE, Integrating Program Management and Systems Engineering, 2017
19. Standish Group, Chaos manifesto, 2020
20. Daryl R. Conner, Building Commitment to Organizational Change, Training and Development Journal, 1982
21. M. Niazi, A maturity model for the implementation of software process improvement: an empirical study, Journal of Systems and Software, 2005
22. Mahmood Niazi,David Wilson, Didar Zowghi, A maturity model for the implementation of software process improvement: An empirical study, Journal of Systems & Software, 2005
23. Mohd Hairul Nizam Nasir and Shamsul Sahibuddin, Critical success factors for software projects: comparative study, Scientific Research and Essays, 2011
24. 권용수, 시스템엔지니어링 입문, 아이워크북, 2007
25. 최영길, 프로젝트 계획수립 활동과 계획수립 활동간 연계성에 관한 연구, 시스템엔지니어링학회, 2019
26. 최영길, 조직의 SE&PM 역량(SEPMC) 자체 평가에 유용한 참조 기준 개발, 아주대학교 석사학위논문, 2012
27. 최영길, 시스템공학 및 프로젝트관리 프로세스의 내재화를 위한 조직 성숙도 평가 모델의 개발과 검증에 관한 연구, 아주대학교 박사학위논문, 2015
28. 최영길,정호전,이재천, CMMI 기반 시스템공학과 프로젝트관리 통합 프로세스 아키텍처 개발, Journal of the Korea Academia-Industrial cooperation Society, 2015
29. 최영길, 이재천, 시스템공학 및 프로젝트관리 통합 프로세스의 조직 내재화를 위한 성숙도 모델에 관한 연구, Journal of the Korea Academia-Industrial cooperation Society, 2016
30. 정수영, 항공전자 소프트웨어 DO-178C 인증실무 가이드, (Developing Safety-Critical Software : A Practical Guide for Aviation Software and DO-178C Compliance, 2013), 도서출판 청람, 2020
31. 최영길 외5, DQ마크 인증 SW 분야 개선 방안 연구, 정보과학회, 2017
32. 정보통신산업진흥원, 소프트웨어 프로세스(SP) 품질인증 기준, 2009
33. 정보통신산업진흥원, DO-178C기반 항공기분야 SW안전 가이드, 2020

34. 정보통신산업진흥원, ISO26262기반 자동차분야 SW안전 가이드, 2020
35. 방위사업청, 방위사업관리규정(훈령 제896호), 2025.2
36. 방위사업청, 무기체계 연구개발사업 제안서평가 및 협상 지침, 2014
37. 방위사업청, 과학적 사업관리 수행 지침, 2014
38. 방위사업청, 체계공학(SE) 기반의 기술검토 가이드 북, 2017
39. 국가소프트웨어정책연구소(SPRI), https://spri.kr, 2025.7

## 그림

1.9 DAU, INCOSE SE 핸드북
2.1 PMBOK 6판, 2017
2.2 PMBOK 6판, 2017
2.3 PMBOK 6판, 2017
3.6 Requirement Engineering Fundamentals, Klaus Pohl
3.7 Requirements Engineering(3rd Ed.), E. Hull, K. Jackson and J. Dick
4.1 Daryl R. Conner
4.3 정보통신산업진흥원

## 표

1.3 INCOSE
3.8 방위사업청
4.5 CMMI 3.0
4.6 CMMI 3.0
4.7 CMMI 3.0
4.8 정보통신산업진흥원
4.9 정보통신산업진흥원

# 찾아보기

(B)
BSC(Balanced Score Card) 80

(C)
CAIV(목표비용관리) 14
CCM(주공급망법) 49
CMMI(능력성숙도통합모델) 29, 119
CPM(주공정법) 49
Crashing(공정압축) 50

(D)
DAL(Development Assurance Level) 134
DO-178C 132
DTC(비용목표설계) 14

(E)
EVM(획득가치관리) 52

(F)
Fast Tracking(공정 중첩) 50

(H)
HARA(위험원 분석/평가) 137

(I)
ISO 26262 135

(L)
Lessons Learned(프로젝트 교훈) 43

(M)
MBSE 12
MECE 44
MoSCoW 94

(P)
PERT(3점 산정기법) 47
P-I-C-M 6
PMO 34
P-P-T 성숙도 자체평가 보델 114
PMBOK 32

(R)
Rolling Wave Planning 47

(S)
Scope Creep(범위누수) 45
SE-PM 통합 프로세스 아키텍처 75
SOI(Stage of Involvement) 134
SoS(System of Sytems) 4
SP(Software Process) 품질인증 130

(ㄱ)
갈등 해결 전략 60
검증과 확인(Verification/Validation) 102
검증방법 98
기술검토회의(SRR, SFR, PDR, CDR, TRR, FCA/PCA) 106

(ㄴ)
나선형 개발 수명주기 모델 9

(ㄷ)
다 학제(Multi-disciplinary) 5

(ㄹ)
리스크와 이슈 55
리스크 대응 전략 58

(ㅂ)
복합시스템(Complex System) 2

(ㅅ)
시스템(체계) 2
시스템엔지니어링(체계공학) 4
시스템적 사고(Systems Thinking) 5

(ㅇ)
요구사항 변경 92
요구사항 추적 92
요구사항 품질속성 97
요구사항 할당 100
이해관계자(Stakeholder) 63
인스펙션(동료검토) 90

(ㅈ)
제품 품질과 프로세스 품질 23
조달계약 방식 62
증분 개발 수명주기 모델 10
진화적 개발 수명주기 모델 11

(ㅋ)
카노 모델(Kano Model) 95

(ㅍ)
포트폴리오 34
폭포수 개발 수명주기 모델 8
품질관리(QC) 88
품질비용 55
품질보증(QA) 54, 89
프로그램 33
프로젝트 32
프로젝트관리 35
프로젝트 내재화 110
프로젝트 범위와 프로덕트 범위 44
프로토타입 모델 9

(ㅎ)
형상(Configuration) 83
형상기준선(Baseline) 84
형상항목(Configuration Item) 83
형상확인(Configuration Audit) 85

# 시스템엔지니어링과 프로젝트관리


발 행 일 2025년 12월 10일 발행
저 자 최영길
발 행 인 송기수
발 행 처 도서출판 GS인터비전
편 집 인 송진우
편 집 처 도서출판 GS인터비전
표지디자인 디자인붐
인 쇄 처 트윈벨미디어
등록번호 제 25100-2016-000050 호
전 화 02-976-7898
팩 스 02-6468-7898
이 메 일 gsinter7@gmail.com
홈페이지 gsintervision.kr
주 소 서울 은평구 증산로 15길 69, 2층
I S B N 979-11-5576-524-1(93550)

정가 20,000원





도서출판 GS인터비전